## ÀS ORIGENS DA
# TORÁ

**Dados Internacionais de Catalogação na Publicação (CIP)**
**(Câmara Brasileira do Livro, SP, Brasil)**

Finkelstein, Israel
  Às origens da Torá : novas descobertas arqueológicas, novas perspectivas / Israel Finkelstein, Thomas Römer ; tradução de Renato Adriano Pezenti. – Petrópolis, RJ : Vozes, 2022.

  Título original: Aux origines de la Torah : nouvelles rencontres, nouvelles perspectives

  2ª reimpressão, 2023.

  ISBN 978-65-5713-541-9

  1. Antigo Testamento – Pentateuco 2. Bíblia. A.T. Pentateuco – Comentários 3. Bíblia. A.T. Pentateuco – Crítica e interpretação I. Römer, Thomas. II. Título.

22-106966                                              CDD-222.107

Índices para catálogo sistemático:
1. Torá : Bíblia : Sabedoria judaica : Comentários
222.107

Aline Graziele Benitez – Bibliotecária – CRB-1/3129

# Israel Finkelstein
# Thomas Römer

# ÀS ORIGENS DA TORÁ

**NOVAS DESCOBERTAS ARQUEOLÓGICAS, NOVAS PERSPECTIVAS**

Tradução de Renato Adriano Pezenti

Petrópolis

© Bayard Éditions, 2019.

Tradução do original em francês intitulado *Aux origines de la Torah. Nouvelles rencontres, nouvelles perspectives*

Direitos de publicação em língua portuguesa – Brasil:
2022, Editora Vozes Ltda.
Rua Frei Luís, 100
25689-900 Petrópolis, RJ
www.vozes.com.br
Brasil

Todos os direitos reservados. Nenhuma parte desta obra poderá ser reproduzida ou transmitida por qualquer forma e/ou quaisquer meios (eletrônico ou mecânico, incluindo fotocópia e gravação) ou arquivada em qualquer sistema ou banco de dados sem permissão escrita da editora.

**CONSELHO EDITORIAL**

**Diretor**
Volney J. Berkenbrock

**Editores**
Aline dos Santos Carneiro
Edrian Josué Pasini
Marilac Loraine Oleniki
Welder Lancieri Marchini

**Conselheiros**
Elói Dionísio Piva
Francisco Morás
Gilberto Gonçalves Garcia
Ludovico Garmus
Teobaldo Heidemann

**Secretário executivo**
Leonardo A.R.T. dos Santos

*Editoração*: Elaine Mayworm
*Diagramação*: Raquel Nascimento
*Revisão gráfica*: Nilton Braz da Rocha
*Capa*: Renan Rivero

ISBN 978-65-5713-541-9 (Brasil)
ISBN 978-2-227-49470-1 (França)

Este livro foi composto e impresso pela Editora Vozes Ltda.

# Sumário

*Sistema de transcrição do hebraico*, 8

*Introdução*, 9

1  A história do Antigo Israel entre arqueologia e texto bíblico – O estado da arte, 15

Breve histórico da pesquisa, 16

Como "ver a partir do centro"?, 20

Tudo é questão de datação, 22

A dicotomia Israel-Judá, 25

A ausência de provas de uma compilação de textos complexos antes do início do século VIII, 27

As tradições antigas na Bíblia – Antigas até que ponto?, 28

Memórias acumuladas, 34

Como as antigas tradições do reino do Norte foram preservadas e transmitidas para Judá?, 36

Teologia *versus* história, 38

Resumo: os pontos de referência no desenvolvimento da história bíblica, 40

2  Como datar os textos do Pentateuco? – Alguns estudos de caso, 44

De que fatos dispomos?, 44

Breve recapitulação da história da pesquisa, 46

Por que temos necessidade de datar o Pentateuco?, 50

A prova linguística?, 52

A datação "alegórica", 54

Argumentos *ex silencio*, 55

*Terminus a quo* e *terminus ad quem*, 57

A datação através de comparações externas, 59

A datação relativa por comparação interna, 63

Conclusão, 64

3 Observações sobre os contextos históricos da história de Abraão –
Entre arqueologia e exegese, 66

O ciclo de Jacó, o mais antigo relato patriarcal no Livro de
Gênesis, 71

O núcleo primitivo das tradições sobre Abraão no Sul, 74

A fusão das tradições do Norte e do Sul, 86

Abraão nos períodos exílico e pós-exílico, 89

Adições e revisões do Período Helenístico, 93

Resumo, 95

4 Observações sobre os contextos históricos da história de Jacó em
Gênesis, 96

Norte e Sul, 99

As camadas antigas do relato sobre Jacó, 102

O relato sobre Esaú, 116

A união dos relatos sobre Jacó e Abraão, 118

O relato sacerdotal sobre Jacó, 121

As adições pós-sacerdotais ao relato sobre Jacó, 123

Síntese, 124

5 O relato sobre a caminhada pelo deserto, seus itinerários e a evolução
da tradição sobre o êxodo, 126

Os itinerários, 130

Os lugares, 132

Cades Barne, 132

Asiongaber, 134

Finon, 136

Edom, 137

Ein Haṣeva, 138

Kuntillet Ajrud, 140

O que os autores bíblicos sabiam a respeito do deserto do Sul?, 142

As raízes da tradição sobre o êxodo e sobre a caminhada no deserto, 150

Síntese, 154

6   A revelação do nome divino a Moisés e a construção de uma memória sobre as origens do encontro entre YHWH e Israel, 157

O êxodo, YHWH e Moisés, 157

Ex 3–4 e 6 e suas funções no relato sacerdotal e não sacerdotal sobre o êxodo: divergências e convergências, 162

Ex 3: Moisés o profeta e YHWH o Deus desconhecido, 164

Ex 6,2-8: o nome desconhecido de YHWH e a teoria da revelação divina, 171

Ex 3 e Ex 6: breve comparação, 174

Algumas especulações históricas sobre as origens de YHWH e sobre sua adoção por "Israel", 174

Breve síntese, 178

*Textos originais*, 181

# Sistema de transcrição do hebraico

## Consoantes

| letra | nome | transliteração | pronúncia |
|---|---|---|---|
| א | 'alef | ' | (*inaudível*) |
| ב | bet | b | /b/ |
| ג | guimel | g | /g/ (*como em gota*) |
| ד | dalet | d | /d/ |
| ה | he | h | /h/ (*aspirado*) |
| ו | vav | w | /v/ |
| ז | zayin | z | /z/ |
| ח | ḥet | ḥ | /h/ (*fortemente aspirado, como em Bach*) |
| ט | ṭet | ṭ | /t/ |
| י | yod | y | /i/ |
| כ/ך | kaf | k | /c/ (*como em café*) ou /h/ |
| ל | lamed | l | /l/ |
| מ/ם | mem | m | /m/ |
| נ/ן | nun | n | /n/ |
| ס | samekh | s | /s/ |
| ע | 'ayin | ' | (*gutural sonora*) |
| פ/ף | pe | p | /p/ ou /f/ |
| צ/ץ | ṣade | ṣ | /ts/ |
| ק | qof | q | /c/ (*como em café*) |
| ר | resh | r | /r/ |
| שׂ | śin | ś | /s/ |
| שׁ | šin | š | /ch/ (*como em chave*) |
| ת | tav | t | /t/ |

# Introdução

Bíblia e arqueologia nem sempre andaram lado a lado. A arqueologia bíblica, que assistiu a um importante crescimento na primeira metade do século XX, tinha como objetivo principal provar a historicidade dos relatos bíblicos mediante a identificação dos lugares bíblicos e a vinculação dos acontecimentos narrados na Bíblia com a materialidade das descobertas arqueológicas. Para os biblistas, particularmente para os europeus, a arqueologia foi uma "ciência auxiliar", estranha à complexidade da exegese bíblica. Por isso, a maior parte dos primeiros arqueólogos na Palestina foi de biblistas cristãos que trabalhavam nos sítios com uma pá em uma das mãos e a Bíblia na outra.

Assim, a famosa estela de Mesha, que foi descoberta por um missionário anglicano alsaciano, Frederick A. Klein, faz 150 anos, oferece um bom exemplo da tensão que existia entre essas duas disciplinas. Essa descoberta da inscrição monumental do Levante teve grande repercussão[1]. De fato, o texto da estela confirmou a Bíblia, já que se encontrou nela os nomes dos reis de Israel e Moab, Omri e Mesha, além das quatro consoantes do nome do Deus de Israel, YHWH, e o nome do Deus de Moab, Kemosh, elementos que são citados também no texto dos livros bíblicos dos Reis. Contudo, ao mesmo tempo, constatam-se diferenças entre

---

1. Sobre a estela de Mesha e sua importância, cf. a exposição "Mésha et la Bible: quand une pierre raconte l'Histoire", org. pelo Collège de France e pelo Museu do Louvre, de 15 de setembro a 19 de outubro de 2018, bem como o catálogo que a acompanha.

2Rs 3 e a inscrição moabita, particularmente quanto à forma com a qual é relatada a questão da guerra entre Israel e Moab. Por outro lado, a estela de Mesha atesta a existência de um santuário javista no Monte Nebo que não é sequer mencionado pela Bíblia Hebraica. Note-se, a propósito, que à época a arqueologia bíblica não tinha tanto interesse pela estratigrafia e pela cronologia, mas se concentrava sobre os monumentos, os "tesouros" ou as grandes construções.

Durante muito tempo, a arqueologia da Terra Santa dividia-se entre, de um lado, a vontade de provar a historicidade dos relatos bíblicos e, de outro, as descobertas que se opunham a esse esforço. Assim, nos anos 1950, quando a arqueóloga britânica Kathleen Kenyon escavou o sítio de Jericó, verificou-se que nele não havia traços de destruição de alguma grande muralha por volta do fim do segundo milênio, época na qual se situava tradicionalmente "a conquista" do país. O relato bíblico da destruição de Jericó (Js 6) não era, portanto, um relato histórico, mas uma narrativa legendária. Depois disso, a maior parte dos biblistas e dos arqueólogos encetaram uma espécie de divórcio.

De um lado, havia os arqueólogos judeus e cristãos, a maioria dos quais fazia uma leitura bastante ingênua da Bíblia e que procuravam, bem ou mal, utilizar os escritos bíblicos de uma maneira imediata para explicar as descobertas arqueológicas. Assim, em Meguido, o complexo de edificações sobre pilastras foi interpretado como sendo os estábulos do Rei Salomão, já que a Bíblia o apresenta como um monarca extremamente poderoso que teria reinado sobre um império que se estendia do Egito ao Eufrates e menciona a existência, no seu reino, de "cidades que guardavam os carros e cavalos" (1Rs 9,19). No entanto, o texto bíblico não estabelece a relação entre essas "cidades que guardavam os carros e cavalos" e Meguido. Além disso, fica posta, de qualquer modo, a questão de saber se o único versículo que faria menção a Meguido descreve verdadeiramente a época de Salomão ou, ao invés disso, uma realidade posterior, projetada sobre um passado idealizado. Da mesma forma, a descoberta de duas estelas no santuário de Arad foi interpretada como uma prova da historicidade da reforma do Rei Josias, que teria ordenado a destruição desse santuário, enquanto uma análise detalhada da estratigrafia do sítio não sustenta essa interpretação.

De outro lado, os biblistas, sobretudo na Europa, foram paulatinamente se afastando da arqueologia. Com frequência, eles chegavam a datações bastante recentes de textos bíblicos, situando-os, muitas vezes, na época persa, sem se ocuparem dos dados arqueológicos. Contudo, pode-se realmente imaginar uma atividade escriba intensa em Jerusalém à época persa, quando a cidade e a província de Yehud (Judá) eram muito pouco povoadas? E, além disso, pode-se imaginar, à mesma época, a criação, ou mesmo a invenção de relatos que colocam em cena santuários como Silo e Betel quando esses já tinham sido destruídos ou abandonados muito antes?

É tempo, portanto, de a arqueologia e as ciências bíblicas críticas se aproximarem novamente, de as ciências bíblicas deixarem de considerar a arqueologia como uma "ciência auxiliar" e os arqueólogos deixarem de imaginar a arqueologia como sendo a "corte suprema", que poderia definitivamente resolver as questões e datações debatidas pelos exegetas.

A crítica histórica e as descobertas arqueológicas concordam sobre a ideia de que Jerusalém tenha se tornado uma vila importante somente a partir dos séculos VIII e VII antes da era cristã e que, consequentemente, é possível situar a primeira versão escrita de algumas tradições originárias nessa época. Da mesma forma, a arqueologia fez descobertas que tornam necessário retomar a questão da reconstrução da história dos reinos de Israel e Judá apresentada pela documentação bíblica, inclusive no final do período monárquico. Isto porque a arqueologia trata da economia, da sociedade e da vida cotidiana, ao passo que o texto transmite a teologia de seus autores e a ideologia real da sua época. A descrição do Rei Manassés é um bom exemplo: se por um lado ele trouxe prosperidade para Judá após a catástrofe que foi a campanha do rei assírio Senaquerib, o Segundo Livro dos Reis o apresenta como o pior apóstata e um perfeito vilão.

Os dois autores deste volume inauguraram, faz vários anos, um diálogo entre arqueologia e ciências bíblicas e esse livro apresenta alguns resultados dessa colaboração. É uma coleção de seis capítulos traduzidos do francês[2], dos quais dois são em coautoria, e que tratam principalmente do Pentateuco.

O volume começa com dois capítulos de teor metodológico. Israel Finkelstein retoma e expõe a questão da arqueologia bíblica, suas potencialidades, mas também os maus usos que alguns fazem dela. Thomas Römer propõe a questão dos critérios dos quais dispomos para datar os textos do Pentateuco. Em seguida, apresentam-se dois capítulos sobre os patriarcas Abraão e Jacó. Os autores demonstram como é possível chegar a hipóteses mais sólidas sobre a formação dessas tradições, mediante a reunião de observações arqueológicas e exegéticas. Avançando no texto, dois capítulos sobre as tradições do êxodo e de Moisés oferecem igualmente um esclarecimento mútuo sobre esse mito fundador que, por vezes, enraíza-se sobre contextos históricos do nível de "vestígios de memória", assim como sobre os contextos históricos dos círculos redacionais.

Nós esperamos que este volume contribua para o encorajamento das disciplinas bíblicas e arqueológicas, e para o interesse dos biblistas pelo trabalho arqueológico, bem como dos arqueólogos pela exegese dita histórico-crítica. Vale recordar que tanto os biblistas quanto os arqueólogos se interessam pela diacronia, pelos estratos (de um sítio arqueológico ou de um texto), e por uma

---

2. Antes de sua reunião e publicação francesa, os capítulos dessa obra foram publicados separadamente em língua inglesa [N.T.].

melhor compreensão de um passado, sem a qual é impossível compreender o presente.

Nós agradecemos a Joëlle Cohen-Finkelstein, Hervé Gonzalez e Colette Briffard pela tradução francesa, a preparação e a releitura dos textos reunidos neste volume. Os nomes próprios bíblicos estão escritos segundo a ortografia da TOB[3] exceto em alguns casos, nós seguimos a Bíblia de Jerusalém (particularmente Meguido, Jezrael, Gezer).

Paris/Tel Aviv, junho de 2018.

*Israel Finkelstein*

*Thomas Römer*

---

3. No texto original francês os autores adotam, na maioria dos casos, a grafia dos nomes próprios da Bíblia segundo a *Traduction Oecuménique de la Bible (TOB)*. Na tradução 'em língua portuguesa adotamos, na maioria dos casos, a grafia da Bíblia de Jerusalém [N.T.].

# 1
# A história do Antigo Israel entre arqueologia e texto bíblico
## *O estado da arte*

*Israel Finkelstein*

Em um artigo publicado no início deste século eu apresentei minha visão sobre a interação entre arqueologia e texto bíblico, com o intuito de buscar uma reconstrução da história do antigo Israel[4]. Por três razões, a primeira de ordem geral e duas outras de ordem pessoal, os anos seguintes a essa publicação exigiram uma atualização do meu ponto de vista sobre esse assunto. A primeira razão é o incrível ritmo de avanço da arqueologia em Israel: novos dados foram coletados e novos métodos são utilizados. Particularmente importante é a revolução que aconteceu no plano da datação dos achados. A datação, através do radiocarbono, das camadas da Idade do Ferro, que fora apenas esboçada em fins dos anos de 1990, se intensificou ao longo da década seguinte, tornando possível o estabelecimento de uma cronologia dos vestígios da Idade do Ferro sobre bases sólidas e imparciais, livrando, então, o pesquisador das teorias tradicionais altamente conjecturais, muitas vezes fundadas so-

---

4. FINKELSTEIN, I. Archaeology and Text in the Third Millennium: A View from the Center. In: LEMAIRE, A. (org.). *Congress Volume Basel 2001*. Leiden: Brill, 2002, p. 323-342.

bre uma compreensão pessoal do texto bíblico. A segunda razão é o meu interesse crescente pela exegese bíblica e meu contato com especialistas dessa área, em grande parte europeus, que influenciaram meu trabalho. A terceira razão que, suponho, seja natural, é que o tempo passa, meu fervor rebelde arrefeceu, me permitindo, mais facilmente, buscar o "caminho do meio", quando esse se faz necessário. Neste capítulo, eu desejo apresentar, portanto, minha abordagem atual – o que não significa, de maneira alguma, um compromisso de não revê-la nos próximos quinze anos!

## Breve histórico da pesquisa

No contexto da reconstrução da história do Israel Antigo, o pêndulo não deixou de oscilar no decorrer dos últimos duzentos anos entre o polo da interpretação tradicional e o polo da interpretação crítica. Antes mesmo do início da pesquisa arqueológica, já existia uma importante controvérsia que foi inaugurada com a exegese bíblica de Espinosa, há quase quatro séculos, e culminou com Wellhausen e outros pesquisadores no século XIX. No que tange à arqueologia, grande parte dos primeiros trabalhos empreendidos na Palestina, por Sellin e Petrie, por exemplo, era profissional; isto é, sem tomar partido por uma leitura acrítica do texto bíblico. No entanto, isso mudou com o desenvolvimento da arqueologia bíblica tradicional, conduzida pela escola de Albright nos anos de 1920, cujo objetivo era contrariar as teorias críticas e provar que a história bíblica era uma narrativa exata dos acontecimentos do passado. Os arqueólogos israelenses, e de modo particular Yadin, se juntaram à perspectiva de Albright nos anos de 1950, mais por razões culturais do que por razões teológicas. Essa arqueologia bíblica conservadora reinou soberana durante quase todo o século XX. A reação a essa tendência foi o surgimento de uma perspectiva ultracrítica (o minimalismo), formulado nos anos de 1990, que rejeitou a utilização tradicional da arqueologia para a reconstrução do Israel Antigo, na Idade do Ferro, argumentando que os textos bíblicos que se referem a esse período, foram todos compilados na época persa e helenística, não tendo, portanto, qualquer valor para a compreensão dos períodos antigos (cf. Davies e Thompson)[5]. O termo minimalismo se refere especificamente à interpretação textual. Por conseguinte, acusar um arqueólogo de ser "minimalista" demonstra uma total incompreensão da disciplina[6]. Paralelamente aos trabalhos do minimalismo, se desenvolveu uma escola que podemos apresentar como promotora de uma "visão de centro". Essa escola, à qual eu pertenço, preconiza uma atitude crítica tanto dos textos quanto da arqueologia, mas difere, portanto, do minimalismo na medida em que afirma que um número significativo de escritos bíblicos data do final do período monárquico e que outros relatos, escritos certamente mais tarde, contêm tradições que refletem a realidade da Idade do Ferro. Recentemente essa abordagem[7] foi engenhosamente descrita por Jean-Marie Durand como uma *desconstrução positiva*. O grupo adepto dessa "visão de centro" está longe de ser homogêneo. Por isso, evidentemente, o que abordarei aqui trata da minha própria posição.

De forma previsível, a propagação da abordagem crítica, particularmente da "visão de centro", considerada, de algum modo,

---

5. DAVIES, P. *In Search of Ancient Israel*. Sheffield: Sheffield Academic Press, 1992. • THOMPSON, T. *The Mythic Past*: Biblical Archaeology and the Myth of Israel. Nova York: Basic Books, 1990.

6. GARFINKEL, Y. The Birth and Death of Biblical Minimalism. *Biblical Archaeology Review*, n. 37, p. 46-53.78, 2011.

7. Cf., p. ex., LIVERANI, M. *Israel's History and the History of Israel*. Londres: Equinox, 2005. • MILLER, J.M.; HAYES, J.H. *A History of Ancient Israel and Judah*. Louisville: Westminster John Knox Press, 2006. • NA'AMAN, N. Hezekiah and the Kings of Assyria. *Tel Aviv*, n. 21, p. 235-254, 1994. • KNAUF, E.A. *Data and Debates*: Essays in the History and Culture of Israel and its Neighbors in Antiquity. Münster: Ugarit-Verlag, 2013. • FINKELSTEIN, I.; SILBERMAN, N.A. *The Bible Unearthed*: Archaeology's New Vision of Ancient Israel and the Origin of its Sacred Texts. Nova York: Free Press, 2001 [trad. bras.: *A Bíblia desenterrada*. Petrópolis: Vozes, 2018].

como uma ameaça ainda maior, gerou uma série de tentativas de demonstrar a inanidade e de reestabelecer a reconstrução conservadora da história do Israel Antigo. Ironicamente, ao mesmo tempo em que os neotradicionalistas são todos arqueólogos, sua interpretação está fundada sobre os textos. Sua argumentação pode ser vista como um renascimento do ataque mobilizado pela escola de Albright contra o desenvolvimento da pesquisa bíblica crítica europeia no final do século XIX e início do século XX, ainda que esses neotradicionalistas pertençam a diferentes contextos culturais. Essa tendência conservadora atual aparece particularmente em certas afirmações recentes tais como:

- O palácio do Rei Davi foi descoberto na cidade de Davi, em Jerusalém[8].
- Os trabalhos em Khirbet Qeiyafa, na Sefelá, provam a existência de um reino desenvolvido em Judá no século X a.C. e devem ser interpretados no contexto de textos bíblicos que descrevem acontecimentos que ocorreram durante essa mesma época[9]. Quanto ao óstraco encontrado no local, esse demonstra a possibilidade de uma composição de textos bíblicos desde o século X a.C.[10]

---

8. MAZAR, E. *Preliminary Report on the City of David Excavations 2005 at the Visitors Center Area.* Jerusalém: Shoham, 2007. • MAZAR, E. *The Palace of King David, Excavations at the Summit of the City of David, Preliminary Report of Seasons 2005-2007.* Jerusalém: Shoham, 2009. Cf. a resposta em FINKELSTEIN, I.; HERZOG, Z.; SINGER-AVITZ, L.; USSISHKIN, D. Has the Palace of King David in Jerusalem been Found? *Tel Aviv*, n. 34, p. 142-164, 2007.

9. GARFINKEL, Y.; GANOR, S.; HASEL, E.M. The Contribution of Khirbet Qeiyafa to Our Understanding of the Iron Age Period. *Strata* – Bulletin of the Anglo-Israel Archaeological Society, n. 28, p. 39-54, 2010. Para uma resposta, cf. NA'AMAN, N. Khirbet Qeiyafa in Context. *Ugarit-Forschungen,* n. 42, p. 497-526, 2012. • FINKELSTEIN, I.; FANTALKIN, A. Khirbet Qeiyafa: An Un-sensational Archaeological and Historical Interpretation. *Tel Aviv*, n. 39, p. 38-63, 2012.

10. GALIL, G. The Hebrew Inscription from Khirbet Qeiyafa/Netafim. *Ugarit--Forschungen,* n. 41, p. 193-242, 2009. • PUECH, É. L'Ostracon de Khirbet Qeyafa et les débuts de la royauté en Israël. *Revue Biblique,* n. 117, p. 162-184, 2010. Respostas em: ROLLSTON, C. The Khirbet Qeiyafa Ostracon: Methodological

• A produção de cobre em Khirbet en-Nahas e Timna na Arabah está ligada às conquistas econômicas do Rei Salomão[11].

Mais sutis, mas não menos errôneas, são as interpretações de uma série de dados provenientes de escavações antigas, como as "fortalezas israelitas" nos planaltos do Negeb[12], assim como as interpretações sobre a transformação radical dos modelos de ocupação no século X a.c., considerados como um indicativo da organização de um reino desenvolvido no antigo Israel[13]. Esses exemplos ilustram uma metodologia problemática que seleciona e apresenta os dados de maneira a alcançar as conclusões desejadas[14].

Para além da abordagem não crítica dos textos bíblicos que todos esses exemplos revelam, uma outra questão metodológica se impõe: onde e como estabelecer a fronteira entre achados arqueológicos nos sítios e a interpretação desses achados.

---

Musings and Caveats. *Tel Aviv*, n. 38, p. 67-82, 2011. • MILLARD, A. The Ostracon from the Days of David Found at Khirbet Qeiyafa. *Tyndale Bulletin*, n. 61, p. 1-13, 2011.

11. Cf. LEVY, T.E.; HIGHAM, T.; BRONK RAMSEY C. et al. High-Precision Radiocarbon Dating and Historical Biblical Archaeology in Southern Jordan. *Proceedings of the National Academy of Sciences,* n. 105, p. 16.460-16.465, 2008, que retoma o tema de Glueck de um Rei Salomão, "rei do cobre", sem evidências da presença de Judá nessas localidades. Cf. tb. FANTALKIN, A.; FINKELSTEIN, I. The Sheshonq I Campaign and the 8th Century Earthquake: More on the Archaeology and History of the South in the Iron I-Iron IIA. *Tel Aviv,* n. 33, p. 18-42, 2006.

12. FAUST, A. The Negev "Fortresses" in Context: Reexamining the "Fortress" Phenomenon in Light of General Settlement Processes of the Eleventh-Tenth Centuries B.C.E. *Journal of the American Oriental Society,* n. 126, p. 135-160, 2006, recentemente comprovado como errrôneo a partir da datação por radiocarbono que datou esse sítio no século IX a.C. Cf. BOARETTO, E.; FINKELSTEIN, I.; SHAHACK-GROSS, R. Radiocarbon Results from the Iron IIA Site of Atar Haroa in the Negev Highlands and their Archaeological and Historical Implications. *Radiocarbon,* n. 52, p. 1-12, 2010.

13. FAUST, A. Abandonment, Urbanization, Resettlement and the Formation of the Israelite State. *Near Eastern Archaeology,* n. 66, p. 147-161, 2003.

14. FINKELSTEIN, I. [De]formation of the Israelite State: A Rejoinder on Methodology. *Near Eastern Archaeology,* n. 68, p. 202-208, 2005.

## Como "ver a partir do centro"?

Em primeiro lugar, é importante dizer que o pesquisador deve se afastar dos "conceitos históricos" dos autores bíblicos. Arqueologia bíblica conservadora e reconstrução da história tradicional do antigo Israel baseiam-se sobre a aceitação de um conceito fundamental, que é aquele do autor ou dos autores do texto bíblico: a história do antigo Israel, desde os patriarcas do Gênesis até o retorno de Esdras e Neemias, é uma descrição verídica e linear da história da nação hebraica. Nossa abordagem é diferente[15]. No que me concerne, eu abordo a história bíblica a partir de um ponto de vista antigo, descrito pelo historiador dos *Annales*, Marc Bloch, como sendo de uma *história regressiva*. A ideia é a de que, em uma situação de incerteza (e relatos como os sobre os patriarcas, o êxodo, a conquista da terra e os juízes, pertencem a essa categoria) o pesquisador deve se apoiar em uma época sobre a qual os testemunhos (históricos, econômicos, sociais, ou relacionados à cultura material), são claramente definidos e, a partir daí, reconstruir passo a passo os períodos mais antigos, voltando no tempo. No caso do antigo Israel, a época que pode servir, com maior certeza, como ponto de ancoragem é aquela na qual viveram os primeiros autores, ou seja, o fim do período monárquico (cf. abaixo). A fim de observar as "regras" que vou descrever, essa reconstrução deve ser feita a partir de uma compreensão o mais segura possível, da questão da transmissão das tradições, orais e/ou escritas, e dos objetivos ideológico-teológicos dos autores bíblicos.

Em certos casos, os arqueólogos bíblicos tradicionais herdaram inadvertidamente um outro conceito tomado desses autores, segundo o qual os episódios da história do Israel antigo foram únicos entre os registros do Levante. O melhor exemplo disso é o colapso

---

15. RÖMER, T., La périodisation de l'histoire de l'Israël ancien: constructions bibliques et historiques. *Atala, cultures et sciences humaines,* n. 17, p. 87-100, 2014.

ocorrido no final da Idade do Bronze, que foi considerado um evento único de seu gênero. A meu ver, a arqueologia, sobretudo naquilo que essa disciplina pode nos ensinar sobre a história ocupacional, obriga o pesquisador a considerar a história de Canaã/Israel segundo as linhas de um outro conceito da Escola dos *Annales*, a *longa duração*[16]. Nessa perspectiva, muitos processos que caracterizaram a região durante as idades do Bronze e do Ferro, pelo menos até a tomada do controle pelos assírios, foram de natureza cíclica e influenciados por condições geográficas. Isso se aplica às ondas de ocupação e aos períodos de declínio nas regiões montanhosas e nas zonas áridas, da mesma forma que para os ciclos de desenvolvimento urbano e de colapso nas regiões de planícies. Por outro lado, a história de Canaã/Israel não pode ser separada dos acontecimentos e processos testemunhados nas regiões vizinhas, no antigo Oriente Próximo e no Mediterrâneo Oriental. O exemplo mais eloquente nesse sentido é a necessidade de tratar as destruições em Canaã, do final da Idade do Bronze, como parte do fenômeno mais amplo dos "anos de crise" no Mediterrâneo Oriental[17].

A questão crucial, evidentemente, é saber como proceder quando a arqueologia e o texto bíblico apresentam duas versões conflitantes. Nesse caso, qual dos dois deve prevalecer?[18] Em arqueologia, predominam dois fatores: 1) a importância quantitativa do achado, incluindo a extensão da zona escavada e o nível de representação desse achado em diferentes áreas do sítio, quando esse é

---

16. O termo francês consagrado pela Escola dos *Annales* (*Ècole des Annales*) é *longue durée*.

17. WARD, W.A.; JOUKOWSKY, M.S. (orgs.). *The Crisis Years*: The 12th Century B.C. From Beyond the Danube to the Tigris. Dubuque: Kendall Hunt, 1992 [N.T.].

18. Cf. NA'AMAN, N. Does Archaeology Really Deserve the Status of A "High Court" in Biblical and Historical Research? In: BECKING, B.; GRABBE, L.L. (orgs.). *Between Evidence and Ideology.* Leiden: Brill, 2010, p. 165-183. • FINKELSTEIN, I. Archaeology as High Court in Ancient Israelite History: A Reply to Nadav Na'aman. *Journal of Hebrew Scriptures,* n. 10, art. 19, 2011.

vasto; 2) a qualidade da verificação dos dados: uma estratigrafia segura e um conjunto cerâmico claro e de datação precisa por radiocarbono oferecem à arqueologia provas confiáveis, imparciais e em tempo real. No entanto, não é preciso dizer que, mesmo em condições quase perfeitas, os achados arqueológicos podem dar lugar a diferentes interpretações culturais e históricas.

No que tange ao texto, a questão mais importante é o tempo transcorrido entre os eventos narrados e o momento em que esses eventos foram colocados por escrito. Quando há uma estreita proximidade cronológica e o texto é de natureza *cronológica* (ou seja, livre de qualquer afirmação de caráter teológico, como pode ser visto nos discursos ou nas profecias, p. ex.) o texto pode ser considerado confiável. Quando os eventos descritos são suspeitos de terem ocorrido muitos séculos antes da composição do texto e que o relato não é de ordem *cronológica*, é menos provável que esse texto seja um testemunho fiel do passado. Tudo isso nos ensina que, no que se refere à história do antigo Israel, nós não estamos diante de uma realidade dualista, ou seja, nem tudo é claro e nem tudo é obscuro, da mesma forma que não existe alguma relação completa concernente à historicidade dos textos. Cada caso deve ser avaliado segundo circunstâncias particulares (cf. os exemplos abaixo).

Tendo disposto o panorama geral da discussão, eu desejo, agora, tratar daquelas que considero serem as regras básicas a serem observadas quando se aborda a história bíblica.

## Tudo é questão de datação

Para poder se servir da arqueologia para a reconstrução histórica deve-se ter um controle efetivo da cronologia absoluta. Para o "controle efetivo", eu entendo que os achados devem ser provenientes de um contexto estratigráfico seguro e com uma boa compreensão da cronologia relativa; isto é, do conjunto cerâmico proveniente desse contexto. Considerando que a associação de um evento histórico com os achados arqueológicos – como, por exemplo, as camadas de destruição – é uma tarefa árdua e o fato de que certos textos bíblicos sobre os quais os pesquisadores baseiam suas teorias não poderem ser considerados relatos históricos diretos, a cronologia absoluta, independente e confiável, é totalmente necessária. Ela pode ser obtida mediante a elaboração de um protocolo rigoroso de datação por meio do radiocarbono.

De qualquer modo, um problema se impõe: a datação por meio do radiocarbono, como se sabe, alcança resultados que abarcam um intervalo incerto, com uma imprecisão que pode oscilar dentro de várias décadas. No caso da história bíblica, isto pode levar a reconstruções de modelos totalmente diferentes. A datação dos palácios do Ferro IIA tardio em Meguido é um exemplo claro: um intervalo de 70 a 80 anos (entre *ca.* 940 e 860 a.C.) situa esses palácios em contextos históricos radicalmente diferentes: no período abrangido entre a monarquia unificada ou já sob o reinado da dinastia omrida no reino do Norte. Uma situação ainda mais complexa é a datação de certos achados no norte de Israel. Datá-los na primeira metade do século IX (*ca.* 850 a.C.) significaria vinculá-los aos omridas, ao passo que situá-los na segunda metade desse mesmo século (*ca.* 830 a.C.), os poriam em relação com a hegemonia damascena sobre a região. Um terceiro exemplo é a datação da atividade nas regiões altas do Negeb: situar seu período de maior ocupação em meados do século X ou, ao contrário, na primeira metade ou meados do século IX, leva a visões diferentes sobre a situação geopolítica relativa à campanha militar de Sheshonq I, a manufatura do cobre na Arabá e o período da hegemonia damascena no sul do Levante[19].

Estas são, portanto, as regras a seguir para utilizar com êxito a datação por radiocarbono:

---

19. Cf. BOARETTO, E.; FINKELSTEIN, I.; SHAHACK-GROSS, R. Radiocarbon Results from the Iron IIA Site of Atar Haroa in the Negev Highlands and their Archaeological and Historical Implications. Op. cit.

• Somente resíduos de substâncias de curta durabilidade (grãos de cereais, caroços de azeitona etc.) devem ser examinados. O carvão de madeira oferece certos problemas, pois implica o risco do *old wood effect*; ou seja, a possibilidade da amostra ser proveniente de um pedaço de madeira velho, reutilizado durante vários decênios, senão durante vários séculos, depois que a árvore foi derrubada.

• Estabelecer uma data em função de uma única determinação por radiocarbono não é seguro, pois um resultado único pode facilmente ser uma exceção.

• A datação de um sítio deve ser estabelecida preferencialmente a partir de fases cerâmicas ou de estratos, pois examinar os resultados segundo um modelo bayesiano, introduzindo como parâmetro a estratigrafia dos dados, permite reduzir de maneira significativa as incertezas. Isto pode ser obtido pondo em relação os dados provenientes de diferentes sítios (se possível vizinhos) cuja sequência relativa pode ser determinada em função de seus respectivos conjuntos cerâmicos[20], ou utilizando dados provenientes de uma sequência densa de estratos bem definidos de um mesmo sítio[21].

• No caso de um sítio com uma única camada arqueológica, os resultados devem ser situados dentro do contexto regional, postos em relação com os estratos que representam uma sequência de fases cerâmicas. Note-se, por exemplo, que em Khirbet Qeiyafa, na Sefelá, quando datados sem outras referências, os resultados indicam, em grande medida, a segunda

---

20. Cf. FINKELSTEIN, I.; PIASETZKY, E. Radiocarbon-Dated Destruction Layers: A Skeleton for Iron Age Chronology in the Levant. *Oxford Journal of Archaeology*, n. 28, p. 255-274, 2009.

21. Sobre Meguido, cf. TOFFOLO, M.B.; ARIE, E.; MARTIN, M.A.S.; BOARETTO, E.; FINKELSTEIN, I. Absolute Chronology of Megiddo, Israel, in the Late Bronze and Iron Ages: High-Resolution Radiocarbon Dating. *Radiocarbon*, n. 56, p. 221-244, 2014.

metade do século XI[22]; no entanto, quando esses resultados são contextualizados (especialmente em relação aos sítios vizinhos do Ferro I), o sítio é datado preferencialmente da primeira metade do século X[23].

• Uma parte dos resultados pode ser obtida somente quando se pode supor que as amostras originais representam um recorte de tempo muito curto, de apenas alguns anos, na história de ocupação de um sítio. Se não for esse o caso, os resultados devem ser apresentados individualmente através de um gráfico[24].

Qualquer desvio em relação a essas regras pode conduzir a datações falsas e, portanto, a uma reconstituição histórica errônea.

## A dicotomia Israel-Judá

No processo de reconstrução da história do antigo Israel é necessário levar em consideração as diferenças existentes entre as tradições do Norte e as tradições do Sul inseridas na Bíblia[25]. O texto bíblico reflete, sem dúvida, uma perspectiva do Sul. Isto é visível, por exemplo, no arranjo operado no Livro de Gênesis: o relato sobre os patriarcas inicia-se com um herói do Sul, Abraão, que é apresentado como o grande pai do herói do Norte, Jacó. Naquela que chamamos de história deuteronomista, todos os reis do Norte são avaliados negativamente e nos livros das Crônicas o

---

22. GARFINKEL, Y.; STREIT, K.; GANOR, S.; HASEL, M.G. State Formation in Judah: Biblical Tradition, Modern Historical Theories, and Radiometric Dates at Khirbet Qeiyafa. *Radiocarbon*, n. 54, p. 359-369, 2012.

23. FINKELSTEIN, I.; PIASETZKY, E. Radiocarbon Dating Khirbet Qeiyafa and the Iron I-IIA Phases in the Shephelah: Methodological Comments and a Bayesian Model. *Radiocarbon*, n. 57, p. 891-907, 2015.

24. GARFINKEL, Y.; STREIT, K.; GANOR, S.; HASEL, M.G. State Formation in Judah: Biblical Tradition, Modern Historical Theories, and Radiometric Dates at Khirbet Qeiyafa. Op. cit.

25. FLEMING, D.E. *The Legacy of Israel in Judah's Bible*: History, Politics, and the Reinscribing of Tradition. Cambridge: Cambridge University Press, 2012.

reino do Norte é quase que totalmente ignorado. Essa revisão da maior parte da Bíblia Hebraica realizada no reino do Sul influenciou os pesquisadores, que, muitas vezes, adotaram a perspectiva do reino do Sul, Judá.

Entretanto, os escritos extrabíblicos e a arqueologia demonstram que historicamente o reino do Norte, Israel, foi o mais poderoso dos dois reinos hebreus. Israel experimentou uma explosão demográfica e econômica muito antes de Judá. Os territórios do Norte, em ambas as margens do Jordão, já eram densamente povoados no Ferro I, período em que as áreas montanhosas da região da Judeia eram marginais e tinham uma população pouco expressiva. Naquela época, a proporção demográfica das regiões montanhosas de Israel (inclusive em Galaad) e Judá era de 25 por 1. Mesmo em meados do século VIII (antes da conquista de Galaad por Damasco), a proporção era ainda estimada em 4 por 1[26].

Judá não se desenvolveu de forma significativa antes da última fase do Ferro IIA tardio (final do século IX)[27] e não atingiu um ápice real de prosperidade antes do Ferro IIB-C; isto é, a partir do final do século VII a.C.[28] Esses números populacionais certamente se refletiam em termos de poderio militar e econômico. Na verdade, sob os omridas, o poderio de Israel é claramente atestado nas listas de Salmanassar III dos participantes da batalha de Qarqar em 853 a.C. e em certas alusões que aparecem nas inscrições de Tel Dã e de Mesha. Esse poderio é perceptível também em certas referências bíblicas aos reinos dos omridas e aos reinos de Joás e Jeroboão II, um pouco mais tarde. Além disso, Israel controlava

---

26. Cf. BROSHI, M.; FINKELSTEIN, I. The Population of Palestine in Iron Age II. *Bulletin of the American Schools of Oriental Research*, n. 287, p. 47-60, 1992.

27. FANTALKIN, A.; FINKELSTEIN, I. The Sheshonq I Campaign. Op. cit. • SERGI, O. Judah's Expansion in Historical Context. *Tel Aviv*, n. 40, p. 226-246, 2013.

28. JAMIESON-DRAKE, D.W. *Scribes and Schools in Monarchic Judah*. Sheffield: Almond Press, 1991.

regiões mais férteis como o Vale de Jezrael, além das grandes rotas comerciais, como a rota internacional ao longo da costa e dos vales do Norte e a via real da Transjordânia. Em adição, Israel era mais conectado à costa e às regiões vizinhas do que Judá. Tudo isto fez com que aumentasse a produção agrícola e os rendimentos do comércio do reino do Norte. Em síntese, sob os planos demográfico, econômico, militar e geopolítico, Israel foi a força dominante durante quase todo o período no qual os reinos hebreus existiram lado a lado. Esses fatores devem ser levados em consideração quando são analisados os relatos bíblicos.

## A ausência de provas de uma compilação de textos complexos antes do início do século VIII

Em um artigo recente, Benjamin Sass e eu reexaminamos as inscrições alfabéticas semíticas ocidentais do Levante que datam do Bronze Recente até a primeira fase do Ferro IIB, ou seja, até o início do século VIII a.C.[29] Concluímos que as inscrições hebraicas apareceram pela primeira vez no final do Ferro IIA, em Gat, no Sul, e em Rehob, no Norte. Mas, nesse período (o século IX a.C.), exceto uma única inscrição protocananeia de Jerusalém, essas inscrições não são encontradas nos territórios centrais de Israel e Judá. É particularmente significativo que não haja inscrições hebraicas provenientes dos principais sítios da época omrida: Meguido, Samaria, Jezrael, Yoqneam e Hasor. De qualquer forma, as breves inscrições alfabéticas datadas do século IX (ou pouco antes) não indicam condições que permitam a composição de textos elaborados. Quanto às inscrições lapidares monumentais, essas aparecem apenas no final do século IX. Também nesse caso, no entanto, a capacidade dos

---

29. FINKELSTEIN, I.; SASS, B. The West Semitic Alphabetic Inscriptions, Late Bronze II to Iron IIA: Archeological Context, Distribution and Chronology. *Hebrew Bible and Ancient Israel*, n. 2, p. 149-220, 2013.

escribas reais de comporem inscrições reais (ou, em tese, a capacidade de administradores de elaborarem listas de mercadorias) não pode ser comparável àquela de redigir textos bíblicos elaborados. As primeiras inscrições longas e complexas, em um gênero que remete às composições bíblicas, aparecem somente na primeira metade do século VII sobre revestimentos, no reino do Norte. Trata-se do texto de Balaão em Tell Deir Alla[30] e de um texto de Kuntillet Ajrud recentemente interpretados por Na'aman como possivelmente vinculados ao relato de Êxodo[31].

Essas observações parecem excluir a possibilidade de uma composição dos textos bíblicos antes da primeira metade do século VIII a.C. Esta afirmação engloba as teorias concernentes aos materiais antigos do Pentateuco e aos materiais pré-deuteronomistas do Livro de Samuel, como a história da ascensão de Davi e a história da sucessão[32]. No plano histórico, essa perspectiva faz todo sentido: a súbita aparição de textos elaborados na primeira metade do século VII, claramente sob o reinado de Jeroboão II, está ligada à prosperidade geral desse período, a influência assíria sobre o reino do Norte e provavelmente também a uma reorganização do reino naquele tempo.

### As tradições antigas na Bíblia – Antigas até que ponto?

O que acabamos de dizer sobre a propagação dos escritos poderia sugerir a conclusão de que os materiais que descrevem os eventos que aparentemente teriam ocorrido na primeira fase da história

---

30. Resumo em AHITUV, S. *Echoes from the Past*: Hebrew and Cognate Inscriptions from the Biblical Period. Jerusalém: Carta, 2008, p. 433-465, com indicação bibliográfica a p. 465.

31. NA'AMAN, N. The Inscriptions of Kuntillet 'Ajrud Through the Lens of Historical Research. *Ugarit-Forschungen*, n. 43, p. 1-43, 2011.

32. Cf. HALPERN, B. *David's Secret Demons*: Messiah, Murderer, Traitor, King. Grand Rapids: W.B. Eerdmans, 2001. • DIETRICH, W. *The Early Monarchy in Israel*: The Tenth Century B.C.E. Atlanta: Society of Biblical Literature, 2007.

do antigo Israel, séculos antes da compilação dos textos bíblicos, ou até mesmo a capacidade de escrever textos dessa ordem, consistiriam em uma ficção – uma criação dos autores tardios com o escopo de atingir seus objetivos. Dito de outra maneira, isso equivaleria a afirmar que os primórdios da história do antigo Israel seriam a-históricos. Mas, essa afirmação seria errônea.

A arqueologia, o estudo de textos extrabíblicos e a exegese bíblica sustentam que a Bíblia Hebraica contém o que eu descreverei como "memórias" antigas, históricas, ou melhor, "quase-históricas", que se formaram séculos antes da data mais antiga possível para a composição do texto bíblico. Elas teriam sido transmitidas oralmente antes de serem escritas e poderiam ser consideradas como a preservação de referências a situações históricas antigas, embora seja importante não as considerar como descrições precisas do passado. Por vezes, elas são hoje descobertas como que "ocultas" no material bíblico tardio e "envolvidas" pela ideologia do ou dos períodos nos quais viveram os autores. Vejamos alguns exemplos:

O primeiro deles provém das minhas escavações em Silo há mais de trinta anos. A arqueologia demonstrou que Silo foi próspera entre o início e a metade do Ferro I e foi totalmente destruída antes do final desse período. Os resultados da análise por radiocarbono situam essa destruição na segunda metade do século XI[33]. Não houve ocupação significativa em Silo no Ferro II e no Período Persa. Os vestígios que datam desses períodos são escassos e de pouca importância; eles não revelam qualquer sinal de um lugar de culto ou de destruição pelo fogo. É, portanto, impossível ler a tradição relativa ao santuário de Silo no contexto do Ferro II ou no contexto mais tardio, da mesma forma que é impossível associar a tradição concernente à devastação do lugar de culto em Silo, tal como é des-

---

33. FINKELSTEIN, I.; PIASETZKY, E. Radiocarbon-Dated Destruction Layers. Op. cit.

crita no Livro de Jeremias, com a conquista do reino do Norte pelos assírios no final do século VII[34].

No entanto, não se pode esgueirar da conclusão de que no final do período monárquico havia, no reino de Judá, uma forte recordação da existência de um lugar de culto em Silo. Essa pode ter sido uma tradição do Norte transmitida oralmente e que chegou a Judá depois de 720 a.C. Um reconhecimento, por parte de Judá, da importância desse lugar de culto pode ter tido como objetivo encontrar graça aos olhos de numerosos "ex-israelitas" que, naquele momento, representavam um elemento importante da sua população no final do período monárquico (cf. abaixo). Contudo, ao mesmo tempo, a tradição bíblica registrada no Livro de Jeremias reflete estritamente o ponto de vista de Judá quando essa subordina Silo a Jerusalém. Os relatos que evocam o comportamento ímpio dos sacerdotes de Silo, a derrota de Israel e a transferência da arca da aliança de Silo para Jerusalém podem ter servido à ideologia deuteronomista como um paralelo, no plano do culto, à rejeição de Saul (e do Norte) e à eleição de Davi (cf. tb. Sl 78,60-71)[35]. Portanto, com esse caso de Silo nós temos um exemplo da preservação, no texto bíblico, de memórias, por mais vagas que sejam, concernentes a acontecimentos que se passaram, provavelmente, na segunda parte do século XI.

Outras tradições antigas mais conhecidas, originárias do Norte, foram inseridas no Pentateuco. A primeira delas é um estrato antigo do ciclo de Jacó que parece ter surgido às margens do Rio Jaboque, em Galaad. Ela trata da fronteira entre israelitas e arameus naquela região e, seguramente, da fundação de um templo em Fanuel. Baseando-nos nos estudos textuais e na arqueologia (especialmente sobre o modelo de ocupação do território) Thomas Rö-

---

34. Em perspectiva contrária, cf., p. ex., PEARCE, R.A. Shiloh and Jer. VII 12, 14 and 15. *Vetus Testamentum*, n. 23, p. 105-108, 1973.

35. MILLER, J.M.; HAYES, J.H. *A History of Ancient Israel and Judah*. Op. cit., p. 133.

mer e eu propusemos datar a origem (oral) desse relato antes da metade do século IX[36]. O relato sobre o êxodo pode ter sua origem em uma tradição ainda mais antiga que alguns autores propõem associar à situação geopolítica do Levante no final do Bronze Médio[37] ou no Bronze Recente[38]. Evidentemente, essas duas tradições possuem camadas mais tardias, que datam da sua incorporação no final do período monárquico em Judá, e, em seguida, do acréscimo de um nível pós-exílico. Um bom exemplo de memórias antigas que foram traçando um percurso até chegar a compilações tardias é o relato sobre Moab em Nm 21–22. Esses capítulos preservam tradições relativas à conquista do norte de Moab durante a dinastia omrida, tradições sustentadas por achados arqueológicos[39] e pela inscrição de Mesha[40].

O Livro de Samuel inclui tradições pré-deuteronomistas originárias do reino do Norte e do reino do Sul[41]. Em relação às primeiras, farei menção àquilo que eu chamarei de relato positivo sobre

---

36. FINKELSTEIN, I.; RÖMER, T. Comments on the Historical Background of the Jacob Narrative in Genesis. *Zeitschrift für die Alttestamentliche* Wissenschaft, n. 126, p. 317-338, 2014.

37. REDFORD, D.B. An Egyptological Perspective on the Exodus Narrative. In: RAINEY, A.F. (org.). *Egypt, Israel, Sinai*: Archaeological and Historical Relationships in the Biblical Period. Tel Aviv: Tel Aviv University, 1987, p. 137-161.

38. BIETAK, M. Comments on the "Exodus". In: RAINEY, A.F. (org.). *Egypt, Israel, Sinai: Archaeological and Historical Relationships in the Biblical Period.* Op. cit., p. 163-171. • HENDEL, R. The Exodus in Biblical Memory. *JBL*, n. 120, p. 601-608, 2011. • NA'AMAN, N. The Exodus Story: Between Historical Memory and Historiographical Composition. *Journal of Ancient Near Eastern Religions*, n. 11, p. 39-69, 2011.

39. FINKELSTEIN, I.; RÖMER, T. Early North Israelite "Memories" on Moab. In: GERTZ, J.C.; LEVINSON, B.M.; ROM-SHILONI, D.; SCHMID, K. (orgs.). *The Formation of the Pentateuch*: Bridging the Academic Cultures of Europe, Israel, and North America. Tübingen: Mohr Siebeck, 2016, p, 711-727.

40. LEMAIRE, A. The Mesha Stele and the Omri Dynasty. In: GRABBE, L.L. (org.). *Ahab Agonistes*: The Rise and Fall of the Omri Dynasty. Londres: T & T Clark, 2007, p. 135-144.

41. HALPERN, B. *David's Secret Demons*. DIETRICH, W. *The Early Monarchy in Israel*.

Saul. Essas histórias se desenrolam nas terras altas de Benjamin e na região do Jaboque e apresentam grande similaridade com os lugares mencionados por Sheshonq I após sua campanha em Canaã na segunda metade do século X. As terras altas de Benjamin preservam uma rede de sítios fortificados que datam desse século, podendo testemunhar, de fato, que, nessa região, existia uma entidade territorial primitiva. Quanto à segunda, ela se refere à Sefelá e à fronteira sul das terras altas da região da Judeia. A história da ascensão de Davi aponta Gat como a mais poderosa cidade dos filisteus. Gat é descrita como cidade que exercia o reinado sobre toda a região sul da Sefelá: de Ziqlague ao sudoeste, ao Vale de Berseba ao sul, e ao Vale do Soroque ao norte. As escavações em Tell es-Safi (o sítio da Gat bíblica) demonstram que na primeira metade do século IX Gat era provavelmente a mais vasta e próspera das cidades das terras baixas do Sul. Ela foi violentamente destruída no final do século IX, seguramente por Hazael, rei de Damasco, e não foi mais capaz de se reerguer por completo[42]. Segundo a grande inscrição sumária de Sargon II, no final do século VIII Gat foi assujeitada por Asdode. Ela não é mais citada entre as cidades filisteias nas fontes assírias do início do século VII, nem nos escritos proféticos do final do período monárquico. O papel dominante de Gat nos relatos sobre Davi em 1Samuel deve, portanto, refletir uma realidade anterior a 840-830 a.C.[43] Aquilo que pode ser descrito como *a atmosfera Apiru* na história da ascensão de Davi[44] deve provavelmente ser visto

---

42. MAEIR, A.M. The Historical Background and Dating of Amos VI 2: An Archaeological Perspective from Tell es-Safi/Gath. *Vetus Testamentum*, n. 54, p. 319-334, 2004. • MAEIR, A.M. The Tell es-Safi/Gath Archaeological Project 1996-2010: Introduction, Overview and Synopsis of Results. In: MAEIR, A.M. (org.). *Tell es-Safi/Gath I*: The 1996-2005 Seasons. Wiesbaden: Harrassowitz, 2012, p. 1-88.

43. MAEIR, A.M. The Historical Background and Dating of Amos VI 2. Op. cit.

44. NA'AMAN, N. David's Sojourn in Keilah in Light of the Amarna Letters. *Vetus Testamentum*, n. 60, p. 87-97, 2010.

como a preservação de tradições que datam de antes do final do século IX, quando o sistema de ocupação em Judá se estendia até ao sul da região de Hebron. Em outras palavras, é razoável pensar que por volta da metade do século IX não havia mais muito ambiente para atividades do tipo Apiru nessa região.

No entanto, todos os relatos que descrevem os primórdios do antigo Israel não possuem necessariamente um plano de fundo histórico. Nenhuma das tradições relativas ao relato sobre a conquista no Livro de Josué pode ser associada, com segurança, a acontecimentos que tiveram lugar no Levante no final do Bronze Recente, especialmente porque alguns lugares citados nesses relatos sequer eram habitados naquela época. Todavia, até mesmo nesses casos, alguns dentre eles possuem raízes antigas. Eu, aqui, não me refito ao exemplo comumente citado de Hasor como sendo "a capital de todos esses reinos" (Js 11,10) que é provavelmente um relato etiológico que serve para explicar a completa ruína da antiga Hasor, tal como podiam observar os habitantes da região nas últimas fases da Idade do Ferro. Eu faço alusão a uma convulsão no Vale de Jezrael que pode ter sido a recordação dos problemas ocorridos no final do Bronze Recente (final do século XII) e ainda mais no final do Ferro I (no século X) quando numerosos centros dessa região foram atacados e devastados pelo fogo.

Eu gostaria de resumir essa breve discussão sobre os materiais bíblicos que refletem fases arcaicas da história do antigo Israel com dois comentários. Primeiramente, é importante notar que vários desses materiais provêm do reino do Norte, que tinha uma população mais numerosa, que se desenvolveu antes que Judá e que foi, por isso, capaz de compor textos complexos antes do reino do Sul. Em segundo lugar, é a arqueologia que desempenha um papel importante – para não dizer crucial – na identificação dessas tradições antigas.

## Memórias acumuladas

Não é necessário dizer que tendo sido transmitidas durante séculos, inicialmente oralmente e em seguida por escrito, essas memórias antigas ou tradições devem ter absorvido elementos tardios, adições ou elaborações, que podem ter refletido realidades sucessivas. Os resultados são textos, por vezes longos, por vezes referências simples, que podem ser descritos como tradições acumuladas, ou, para lançar mão de um termo próprio da arqueologia, tradições estratificadas.

Um dos melhores exemplos de tradições estratificadas é o relato sobre Davi em 1Samuel. Essa narrativa apresenta realidades que correspondem a diferentes contextos históricos. Mencionarei aqui as três mais evidentes. Como nós vimos anteriormente, o cerne do relato apresenta Davi o seu grupo como sendo um grupo de mercenários que atuava na região árida de Judá ao sul de Hebron e na fronteira de Gat, a região dos filisteus. Esse elemento representa uma fase na história da região que precede a expansão demográfica (e por consequência administrativa) de Judá nessa área, antes do Ferro IIA tardio (nesse caso específico, provavelmente antes da última fase desse período, na segunda metade do século IX a.C.). As descrições das guerras travadas por Davi parecem refletir realidades mais tardias, quando os reinos locais do Levante e seus respectivos exércitos já estavam mais estruturados[45]. Um estrato ainda mais tardio faz explícita referência aos filisteus como sendo mercenários gregos e emprega uma terminologia de caráter deuteronomista. Ele corresponde, por conseguinte, a uma situação que não deve ser anterior ao século VII a.C.[46]

---

45. NA'AMAN, N. In Search of Reality behind the Account of David's Wars with Israel's Neighbors. *Israel Exploration Journal*, n. 52, p. 200-224, 2002.

46. Sobre esta questão, cf. FINKELSTEIN, I.; SILBERMAN, N.A. *David and Solomon*: In Search of the Bible's Sacred Kings and the Roots of the Western Tradition. Nova York: The Free Press, 2006.

Os capítulos referentes a Salomão podem ser lidos de maneira idêntica. A parte antiga (1Rs 1–2) pertence à história da sucessão e poderia refletir necessidades próprias do século VIII. As tradições que refletem Salomão como um grande monarca, construtor e comerciante, refletem as realidades do século VIII, antes da queda do reino do Norte e do século seguinte, "o século assírio" da história de Judá. A referência a Hasor, Meguido e Gezer como importantes centros do reino de Salomão (1Rs 9,15); a descrição de seus cavalos e de seus estábulos, bem como as realidades por detrás do episódio das vilas doadas a Hiram, rei de Tiro, devem ser provenientes do reino do Norte. Por outro lado, relatos como o sobre a visita da rainha de Sabá e as expedições de comércio marítimo a partir de Asiongaber refletem a participação de Judá no comércio árabe dominado pelos assírios, provavelmente sob o reino de Manassés, que foi um período de grande prosperidade no reino do Sul. Por fim, a condenação de Salomão em 1Rs 11 formula-se sobre o tom incontestavelmente deuteronomista do século VII, após a retirada assíria. Esses estratos representam não somente contextos históricos diferentes, mas, igualmente, diferentes ideologias.

Um bom exemplo de tradição breve e estratificada é a referência a Aram Bet-Roob e [Aram] Soba em 2Sm 10,6-8 e 2Sm 8,3.5.12. O autor cria uma história a partir de quatro memórias diferentes provenientes de séculos diferentes. Adadezer provavelmente se refere a Adadeidir, rei de Damasco, o aliado de Acab na batalha de Qarqar. A ideia de um poderoso rei arameu hostil a Israel remete aparentemente a Hazael[47]. Rehob, provavelmente uma cidade-Estado do Vale de Bet-Shean na época cananeia tardia e influenciada por Aram do ponto de vista da cultura material, é confundida com Bet--Rehob no Beqaa do Líbano, que não pode ter sobrevivido como

---

47. NA'AMAN, N. David's Wars with Israel's Neighbors.

estado independente após a expansão damascena em direção ao oeste na segunda metade do século IX. Essa confusão foi causada provavelmente pela importância de Soba (Subat) como centro administrativo assírio do tempo de Teglatfalassar III e Sargão II. Todos esses elementos se encontram, assim, refletidos no século X por um autor do final do século VII.

## Como as antigas tradições do reino do Norte foram preservadas e transmitidas para Judá?

Como as histórias antigas são preservadas, sobretudo antes da sua formulação escrita? Esse continua sendo um enigma. É possível que elas tenham sido transmitidas inicialmente nos santuários regionais, guardiães das tradições locais. O ciclo de Jacó, por exemplo, pode ter sido conservado no templo de Fanuel; o relato sobre o êxodo pode ter sido celebrado na Samaria e as tradições antigas, que evocam a presença de Israel no norte de Moab, podem ter sido memorizadas em Nebo, que, segundo a inscrição de Mesha, era um santuário israelita. Segundo a perspectiva do que mobilizamos anteriormente a respeito da história da atividade dos escribas, aparentemente, a transição da tradição oral para a tradição escrita pode ter ocorrido em Israel por volta dos anos 800 a.C., ou pouco mais tarde, e, em Judá, talvez por volta do final do século VIII. No reino do Norte as considerações históricas parecem indicar o reino de Jeroboão II, época na qual Israel atingiu seu apogeu de prosperidade e ao longo da qual, aparentemente, o reino conheceu uma reorganização envolvendo a centralização do culto em diversos santuários regionais[48]. No reino do Sul, a transição pode ter tido lugar um pouco mais tarde, no tempo da dominação assíria.

---

48. NA'AMAN, N. The Abandonment of Cult Places in the Kingdoms of Israel and Judah as Acts of Cult Reform. *Ugarit-Forschungen*, n. 34, p. 585-602, 2022.

A segunda questão, a saber, quando e como as tradições do Norte migraram em direção a Judá, é essencial para tentar reconstruir a história do antigo Israel e para estabelecer, de fato, a base de compreensão da composição da Bíblia Hebraica, pela simples razão de que essas tradições provenientes do reino do Norte são significativamente numerosas e sua datação relativamente antiga (cf. acima). Isso remete a uma outra questão: por que essas tradições, algumas das quais hostis a Judá, foram inseridas no cânon elaborado no reino do Sul? Afinal, os autores do Sul poderiam ter ignorado completamente o Norte, como fizeram os autores de Crônicas, séculos depois. Vários pesquisadores sugeriram que as tradições do Norte chegaram a Judá com os israelitas que aí se instalaram nas décadas seguintes à conquista de Israel pelos assírios em 720 a.C.[49] A arqueologia e, muito particularmente, o exame dos modelos de ocupação do território parecem dar suporte a essa teoria. Refiro-me, nesse caso, ao crescimento demográfico de Jerusalém em particular, e de Judá em geral, no final do século VIII e no início do século VII a.C. Tanto quanto posso avaliar dos fatos, a transformação demográfica em Judá não pode ser explicada de outra forma[50]. Essa convulsão demográfica poderia ter sido o catalisador da ascensão de uma ideologia pan-israelita em Judá. Inicialmente, sob a dominação assíria, esse pan-israelitismo estava voltado para dentro, para essa

---

49. BROSHI, M. The Expansion of Jerusalem in the Reigns of Hezekiah and Manasseh. *Israel Exploration Journal*, n. 24, p. 21-26, 1974. • VAN DER TOORN, K. *Family Religion in Babylonia, Syria and Israel*. Leiden: Brill, 1996, p. 339-372. • SCHNIEDEWIND, W.M. *How the Bible Became a Book: The Textualization of Ancient Israel*. Cambridge: Cambridge University Press, 2004 [Ed. bras.: *Como a Bíblia tornou-se um livro*. São Paulo: Loyola, 2011].

50. Sobre o debate a respeito dessa questão, cf. FINKELSTEIN, I.; SILBERMAN, N.A. Temple and Dynasty: Hezekiah, the Remaking of Judah and the Rise of the Pan-Israelite Ideology. *Journal for the Study of the Old Testament*, n. 30, p. 259-285, 2006. • NA'AMAN, N. When and How did Jerusalem become a Great City? – The Rise of Jerusalem as Judah's Premier City in the Eighth-Seventh Centuries B.C.E. *Bulletin of the American Schools of Oriental Research*, n. 347, p. 21-56, 2007.

nova população mista de habitantes de Judá. Doravante os israelitas viviam juntos, no reino do Sul, num esforço por criar uma identidade comum. Somente mais tarde, após a retirada dos assírios da região, essa ideologia pan-israelita foi "exportada" para os israelitas que viviam nos territórios do antigo reino do Norte. Essa é a época da ascensão da ideologia territorial davídica que terá sua maior expressão na descrição de uma idade do ouro com Davi e Salomão, vista como a grande monarquia unificada por vir.

## Teologia *versus* história

Evidentemente, a descrição bíblica da história do antigo Israel está embebida da ideologia política e da teologia transmitida pelos autores do final da monarquia e do período pós-exílico. Consequentemente, a questão que se imporá será sobre como ler essa história sem apoiar-se no programa ideológico desses autores. É claro que a primeira distinção a ser estabelecida deverá ser entre as relações *cronísticas* e as declarações, profecias e discursos carregados de sentido teológico. Se tomarmos como exemplo o episódio de Jeroboão I em 1Rs 12,25-29, fica relativamente claro que o relato concernente a Siquém e Fanuel no versículo 25 é de natureza *cronística*, ao passo que os versículos 26-29 são de ordem teológica. A arqueologia, de fato, indica que Dã provavelmente não estava ocupada na época de Jeroboão I[51].

A esse propósito, eu gostaria de retomar a questão sobre saber se os relatos bíblicos são mais históricos quando descrevem eventos próximos da época na qual viveram os autores. A resposta é, de fato, às vezes positiva, às vezes, negativa. Tomemos o exemplo do "sé-

---

51. ARIE, E. Reconsidering the Iron Age II Strata at Tel Dan: Archaeological and Historical Implications. *Tel Aviv*, n. 35, p. 6-64, 2008. Sobre o texto bíblico, cf. BERLEJUNG, A. Twisting Traditions: Programmatic Absence-Theology for the Northern Kingdom in 1 Kgs 12: 26-33 (The "sin of Jeroboam"). *Journal of Northwest Semitic Languages*, n. 35, p. 1-42, 2009.

culo assírio" em Judá, entre 730 e *ca.* 630 a.C. Nessa época, três reis se sucederam em Jerusalém: Acaz, Ezequias e Manassés. O contexto de seus reinos, datas, número de anos sobre o trono e relação com os monarcas assírios, são perfeitamente históricos, mas a teologia intervém na maneira de apresentar essas informações[52]. Acaz é avaliado de forma negativa, enquanto a arqueologia demonstra que sob seu reino Judá progrediu significativamente, tornando-se um reino densamente populoso e economicamente próspero. Ezequias, por sua vez, é apresentado de forma positiva, enquanto a arqueologia demonstra que na sua época, em razão da arbitrariedade da sua decisão de participar da revolta contra os assírios, a Sefelá e o Vale de Berseba foram devastados por Senaquerib: nessas regiões, todos os centros vinculados a Judá que foram explorados pela arqueologia revelam, de fato, sinais de destruições generalizadas. Manassés é considerado pelos textos como o pior e mais ímpio dentre todos os reis de Judá. Sua atitude em relação ao culto é, inclusive, apresentada como responsável pela queda do reino. Mas a arqueologia, ao contrário, demonstra que sob o seu reino, Judá viveu um período de renovação, porque ele, obediente e fiel vassalo dos assírios, participou da sua economia global, de tal modo que o reino do Sul conheceu sob Manassés uma prosperidade nunca antes alcançada. Foi nessa época que a atividade escriba se difundiu e isto favoreceu, algumas décadas mais tarde, a composição da primeira compilação da história deuteronomista.

A ausência de consenso na pesquisa exegética sobre a data de muitos – para não dizer da maioria – dos textos que tratam da história do antigo Israel representa um importante obstáculo. Isso torna difícil a avaliação do tempo transcorrido entre os eventos, reais ou não, e a data na qual eles foram compilados. Alguns bons exemplos podem ser encontrados em partes de Crônicas (sobretu-

---

52. Cf. NA'AMAN, N. Hezekiah and the Kings of Assyria. Op. cit.

do 2Crônicas) que não são mencionadas nos livros dos Reis e que descrevem eventos de natureza aparentemente histórica, tal como a guerra entre Abias e Jeroboão I ou a invasão de Judá por Zara, o cuchita. A datação de Crônicas é objeto de debate há muito tempo, as opiniões variam e abarcam um intervalo de quatro séculos, entre o VI e o II século a.c. Evidentemente, o autor por ter tido acesso a materiais originais datados da Idade do Ferro, se ele efetivamente atuou no VI ou no V século[53]; o acesso a esses materiais é menos provável caso ele tenha atuado no século II, em circunstâncias históricas radicalmente diferentes[54].

## Resumo: os pontos de referência no desenvolvimento da história bíblica

Elaborar esse texto significou um verdadeiro desafio, resumi-lo é um desafio ainda maior. Mas eu o farei com o objetivo de evidenciar o que considero como os pontos mais relevantes do processo de compilação da história do antigo Israel na Bíblia. Embora os parágrafos seguintes possam parecer desprovidos de perspectivas arqueológicas, o leitor deve saber que alguma pesquisa arqueológica moderna fundamenta praticamente cada uma de suas afirmações. Eis aqui, então, o meu *Ani Maamin* ("Eu acredito", em hebraico), ou melhor, o meu "Eu suponho".

A descrição bíblica da história do antigo Israel preserva antigas "memórias" que remontam a períodos tão antigos quanto a fase final do segundo milênio (é o caso de Silo, p. ex.) e até mesmo a períodos anteriores se se admite que o texto do Êxodo preserva referência à expulsão de asiáticos do delta do Nilo no século

---

53. CROSS, F.M. *From Epic to Canon*: History and Literature in Ancient Israel. Baltimore: Johns Hopkins University Press, 1998.

54. FINKELSTEIN, I. The Expansion of Judah in 2 Chronicles: Territorial Legitimation for the Hasmoneans? *Zeitschrift für die Alttestamentliche Wissenschaft*, n. 127, p. 669-695, 2015.

XVI a.C.[55] A maior parte dessas memórias provém do reino do Norte, o que não é propriamente uma surpresa quando se considera que Israel era mais populoso do que Judá e economicamente mais próspero, mais bem conectado às grandes rotas comerciais e aos eventos registrados nas planícies e melhor integrado à cena geopolítica do Levante. Por conseguinte, a escrita se desenvolveu e se difundiu no reino do Norte antes que no reino do Sul. No entanto, Judá também preservou as tradições antigas, por exemplo, no relato sobre Davi que evoluiu às margens do reino como um chefe de bando Apiru.

O grande passo adiante se deu no século VIII. Eu suponho que as habilidades em matéria de escrita no nível que se pode verificar pelos testemunhos de Deir Alla e Kuntillet Ajrud estão ligadas a uma reorganização do reino sob Jeroboão II, indiscutivelmente o maior dos monarcas israelitas. Embora seja impossível provar, é lógico considerar que as mais antigas tradições israelitas foram colocadas por escrito no seu tempo[56]. Em Judá, a composição de textos pode ter tido início meio século mais tarde, no momento em que esse reino foi incorporado ao Império Assírio como vassalo e esteve sob sua influência econômica e cultural. Por influência cultural eu entendo tanto a burocracia elaborada quanto o impacto dos gêneros literários assírios.

Ideológica e teologicamente, a história bíblica começa em 720 a.C. no momento da queda do reino do Norte. Judá e Israel, dois reinos muito diferentes em termos de ambiente e de tipos de populações, tinham, no entanto, características comuns do ponto de vista da linguagem, da cultura material e do culto. Com a queda de Israel e a migração de muitos israelitas para Jerusalém e Judá, a

---

55. REDFORD, D.B. An Egyptological Perspective on the Exodus Narrative. Op. cit.

56. FINKELSTEIN, I. A Corpus of North-Israelite Texts in the Days of Jeroboam II? *Hebrew Bible and Ancient Israel*, n. 6, p. 262-289, 2017.

característica demográfica de Judá se modificou radicalmente, os israelitas se tornaram uma importante porção da população do reino. Considerando-se, então, como herdeiro e guardião da tradição comum aos dois reinos hebreus, Judá se apropriou do nome "Israel" que agora se tornava vacante para descrever a nação unificada sob sua égide. É nesse momento que a ideologia pan-israelita se desenvolve pela primeira vez, promovendo duas mensagens: todos os israelitas devem aceitar a realeza da dinastia davídica e admitir o primado de Jerusalém e de seu templo. Durante um século, essas ideias se propagaram unicamente em Judá, entre a população mista de antigos israelitas e de habitantes de Judá, numa espécie de monarquia unificada interna. Entre os esforços realizados para fazer de Judá um "novo Israel", as tradições israelitas foram inseridas nos textos provenientes do reino do Sul, muito embora subordinados aos objetivos ideológicos de Judá. Mas somente com a retirada dos assírios no final do século VII, durante o reinado de Josias, essas teses foram "exportadas" aos antigos territórios israelitas tornando-se a ideologia dominante segundo a qual todos os hebreus que viviam em Judá e nos antigos territórios do reino do Norte, "de Dã a Berseba", tiveram que aceitar os davitas e o Templo de Jerusalém a fim de fazerem parte dos *Benê Yiśra'el*.

Na época exílica, após a destruição de Jerusalém e o fim da dinastia davídica, foi necessária uma atualização dessa ideologia. Isso implicou a redação e a revisão de textos antigos e a produção de novos escritos. O que se seguiu é um enigma. O Período Persa se tornou uma espécie de modismo para a exegese bíblica, para quase todos os livros bíblicos atribuiu-se uma compilação ou uma redação nessa época. No entanto, nós não conhecemos quase nada sobre esse período a partir das fontes extrabíblicas e os vestígios arqueológicos são parcos. O risco de reconstruir a história bíblica a partir unicamente do próprio texto, o que implica evidentemente um raciocínio circular, já foi demonstrado repetidas vezes no contexto das fases antigas da história de Israel. Apesar disso, alguns estudiosos ainda caem nessa armadilha. Uma Jerusalém em ruínas, com uma população de apenas 500 almas, poderia ser creditada como a produtora de uma grande porção da literatura bíblica? Uma obra tão colossal poderia ser o feito de uma insignificante província de *Yehud* com uma população não maior que alguns milhares?

A arqueologia e as fontes extrabíblicas, nesse caso a rica literatura judaica da época helenística no século II a.C., parece indicar que grande parte do material que pode ter servido para reconstruir a história em Neemias e Crônicas, e em particular os topônimos, reflete realidades do Período Asmoneu. As pesquisas futuras ainda deverão determinar se e em que medida é possível identificar um "toque" asmoneu em outros textos bíblicos que descrevem a história do antigo Israel, tendo em vista a seguinte questão: Houve uma tentativa de reescrever a história bíblica no Período Asmoneu?

# 2
# Como datar os textos do Pentateuco?
## *Alguns estudos de caso*

*Thomas Römer*

**De que fatos dispomos?**

Se alguém se perguntasse sobre a data da Bíblia Hebraica em sua forma massorética atual, a resposta seria relativamente simples. A Bíblia Hebraica, tal como a temos hoje, foi editada na Idade Média: o Códice de São Petersburgo no século XI, o Códice de Alepo, mutilado, um pouco antes, e o *textus receptus*, alguns séculos mais tarde. Isso, com certeza, não responde à nossa questão, mas serve para demonstrar que, quando trabalhamos com a Bíblia Hebraica Stuttgartensia (BHS) ou com a Bíblia Hebraica Quinta (BHQ), estamos nos debruçando sobre uma forma bastante tardia do texto bíblico[57].

Graças à descoberta dos fragmentos de Qumran, nós dispomos de provas factuais da existência de quase todos os livros bíblicos por volta já do século II ou do século I a.C., embora a maior parte

---

57. Essas duas siglas designam a edição científica do Códice de São Petersburgo em sua forma atual (BHS) e em uma nova apresentação, da qual já existem alguns fascículos e que contém uma relação mais extensa de informações sobre as variantes presentes em outros manuscritos ou em traduções.

deles seja atestada apenas de forma bastante fragmentária. As divergências entre os manuscritos de um mesmo livro, Samuel, Jeremias ou Isaías, por exemplo, demonstra claramente que esses livros não podem ter sido escritos pela primeira vez nessa época, mas devem ser bem mais antigos. Mas quanto mais antigos? Em relação à Torá (o Pentateuco), nós podemos dar um passo atrás e nos reportarmos à tradução grega. De acordo com a carta de Aristeias, escrita por volta de 150-100 a.C., a tradução grega da Torá foi preparada sob Ptolomeu II, em Alexandria, no século III a.C.[58] Embora se trate de uma legenda, é bastante plausível que tenha havido traduções gregas do Pentateuco já no século III. Isso é confirmado pelo trabalho de Demétrio, o cronógrafo (221-204), autor de comentários sobre as passagens difíceis da Torá, que provavelmente utilizou uma tradução grega. Aristóbulo de Panias (*ca.* 150 a.C.) também atesta a ideia de que o Pentateuco foi traduzido para o grego sob Ptolomeu Filadelfo[59]. Em contrapartida, os fragmentos da *Aegyptiaca* de Hecateu de Abdera (comumente datada em *ca.* 320 a.C.) indicam que o autor conhecia tradições relativas a Moisés, aquelas, por exemplo, segundo as quais ele teria conduzido os hebreus do Egito para a terra, construiu Jerusalém e promulgou leis, algumas das quais eram muito diferentes daquelas que se encontram no Pentateuco[60]. Por conseguinte, parece razoável datar o início da tradução grega da Torá, que se estendeu por vários decênios, por volta de 270 a.C.[61] Isso pressupõe que houvesse um

---

58. PELLETIER A. *Lettre d'Aristée à Philocrate*. Paris: Du Cerf, 1962.

59. Dois fragmentos de sua obra são conservados em EUSEBIO. *Praeparatio Evangelica* VIII, 10 et XIII, 12, e em CLEMENTE DE ALEXANDRIA. *Stromates*, I, 305. Pode ser encontrada em HOLLADAY, C.R. (org.). *Aristobulus, Fragments from Hellenistic Jewish Authors*. Atlanta: Scholars Press, 1995, n. 3.

60. Para mais detalhes, cf. ZAMAGNI, C. La tradition sur Moise d'Hécate d'Abdere d'apres Diodore et Photius. In: BORGEAUD, P. et al. (orgs.). *Interprétations de Moïse*: Égypte, Judée, Grèce et Rome. Leiden: Brill, 2010, p. 133-169.

61. Cf. TOV, E. *Textual Criticism of the Hebrew Bible*. 3. ed. Mineápolis: Fortress, 2012, p. 131. • TILLY, M. *Einführung in die Septuaginta*. Darmstadt: Wissenscha-

Pentateuco autorizado, pelo menos ao final do século IV. Após essa data, nos encontramos em um cenário relativamente seguro, antes, no entanto, as conclusões são menos claras.

## Breve recapitulação da história da pesquisa

A maneira tradicional de datar a Torá consistia em começar pela identificação do *terminus a quo*. O último evento reportado é a morte de Moisés, os rabinos, que acreditavam que Moisés era o autor da Torá, admitiam, no entanto, que Moisés não poderia ter escrito a respeito de sua própria morte e que, portanto, a Torá teria sido completada por Josué, que teria acrescentado os últimos versos do Pentateuco (Talmude babilônico, baba Bathra 14b). Evidentemente, eles não estavam interessados em uma data histórica precisa da origem da Torá, seu objetivo era afirmar a autoridade mosaica da Lei. No entanto, eles também admitiam certas considerações diacrônicas ou lógicas. Da mesma forma, pode-se mencionar a "pós-mosaica" identificada por Abraham ibn Ezra (1089-1164) que indicou discretamente um certo número de versos do Pentateuco que pressupunham uma época bem mais tardia que aquela de Moisés. No século XVII, Espinosa, no seu *Tratado teológico-político* (1670), também utilizou o argumento do *terminus a quo*, embora de maneira diferente. Ele postulou a existência de um Eneateuco ao afirmar que os livros, desde o Gênesis até os livros dos Reis, eram "a obra de um único historiador, que se propôs escrever sobre as antiguidades judaicas desde os tempos mais remotos até a primeira devastação de Jerusalém. De fato, esses livros são tão estreitamente ligados que é perceptível, a partir desse único ponto, que eles formavam um só e mesmo relato"[62]. Assim, o Pentateuco não poderia ter sido es-

---

ftliche Buchgesellschaft, 2005, p. 26-37. • LIM, T.H. *The Formation of the Jewish Canon.* New Haven: Yale University Press, 2013, p. 74-88.

62. SPINOZA, B. *Traité théologico-politique.* Extraído do capítulo VIII. Trad. de E. de Saisset (1948); texto numerado por S. Schoeffert e D. Bosman; edição de H.

crito antes da destruição de Jerusalém e do exílio da Babilônia, e, segundo Espinosa, o candidato mais provável para a redação desses livros seria Esdras.

O ponto de vista de Espinosa que consistia em atribuir a apenas um autor, um "historiador", a responsabilidade pela elaboração do Eneateuco, foi abandonado quando foram identificadas as diferenças estilísticas e teológicas ou até mesmo as contradições no interior desses livros. Quando De Wette escreveu a sua *dissertatio critica* sobre o Livro do Deuteronômio em 1805, ele se preocupou sobretudo em demonstrar que o Deuteronômio era diferentes dos outros livros do Pentateuco[63]. Uma vez que Lv 26 se constitui como uma conclusão clara à Lei de Moisés e que Dt 28 repete esse capítulo em um estilo diferente, De Wette deduziu que o Deuteronômio provém de um autor diferente. O fato de que o Deuteronômio também contenha paralelos com as leis e os relatos dos livros precedentes indica que seus autores estavam familiarizados com essas tradições e que, consequentemente, seu trabalho deva ser mais recente. Por outro lado, De Wette observou que a principal preocupação da lei deuteronomista repousa sobre a ideia da centralização do culto que, segundo ele, só poderia referir-se ao templo de Jerusalém. Em uma longa nota de pé de página, ele sugeriu, então, que a primeira edição do Deuteronômio corresponderia ao livro da reforma de Josias. Se a identificação do Deuteronômio com o livro da lei de Josias não significou uma novidade, a possibilidade de que o Deute-

---

Diaz [Disponível em http://spinozaetnous.org/wiki/Trait%C3%A9_th%C3%A9olo gico-politique/Chapitre_VIII. Acesso em set./2021 [N.T.]]. Há várias publicações dessa obra em língua portuguesa. Cf., p. ex., a edição preparada pela Imprensa Nacional Casa da Moeda, 4. ed., 2019.

63. WETTE, W.M.L. *Opuscula theological*. Berlim: G. Reimer, 1830, p. 149-168. O original em latim foi traduzido para o alemão: MATHYS, H.P. Wilhelm Martin Leberecht de Wettes *Dissertatio critico-exegetica* von 1805. In: KESSLER, M.; WALRAFF, M. (orgs.). *Biblische Theologie und historisches Denken, Wissenschaftsgeschichtliche Studien*: Aus Anlass der 50. Wiederkehr der Basler Promotion von Rudolf Smend. Basel: Schwabe, 2008, p. 171-211.

ronômio tenha sido redigido à época de Josias, fato de que ele tinha segurança, permitiu uma datação precisa desse livro. Com essa declaração de De Wette ofereceu, como afirma O. Eissfeldt, "um 'ponto de Arquimedes' para a pesquisa sobre o Pentateuco, permitindo a essa liberar-se das concepções da Igreja e da Sinagoga"[64]. Em seu *Beiträge zur Einleitung in das Alte Testament*, De Wette demonstra que o próprio relato de 2Rs 22 comprova que o livro era desconhecido anteriormente e provavelmente escondido no templo pelo sacerdote Helcias. De Wette defende ainda a ideia de que a primeira edição do Deuteronômio veio à luz no século VII. Situar o Deuteronômio no século VII permitiu, em seguida, datar as fontes mais antigas que aparecem nos livros de Gênesis e Números (J/E) entre os séculos X e VIII. Desde os anos 1830, vários pesquisadores (Vatke, Popper, Reuss, entre outros) observaram que a lei do Código Sacerdotal P ou, pelo menos, parte dessa lei, era mais tardia do que o Deuteronômio e as fontes antigas eram desconhecidas pelos profetas pré-exílicos[65]. Graf foi mais longe com essas observações ao afirmar que as leis do Código Sacerdotal foram inseridas no Hexateuco somente no Período Persa[66].

De Wette ofereceu ainda a base para a datação tardia do documento sacerdotal, a partir da qual Kuenen e Wellhausen[67] elaboraram a hipótese documental. Note-se, portanto, que a escola de Kau-

---

64. EISSFELDT, O. *The Old Testament*: An Introduction. Oxford: Basil Blackwell, 1965, p. 171.

65. Para mais detalhes, cf. RÖMER, T. "Higher Criticism": The Historical and Literary-Critical Approach – with Special Reference to the Pentateuch. In: SÆBØ, M. (org.). *Hebrew Bible/Old Testament, The History of Its Interpretation.* Göttingen: Vandenhoeck & Ruprecht, 2013, p. 393-423.

66. GRAF, K.H. Die sogenannte Grundschrift des Pentateuch. *Archiv für die wissenschaftliche Erforschung des Alten Testaments*, n. 1, p. 466-477, 1869.

67. WELLHAUSEN, J. *Die Composition des Hexateuchs und der historischen Bücher des Alten Testaments.* Berlim: De Gruyter, 1963. • KUENEN, A. *A Historical-Critical Inquiry into the Origin and Composition of the Hexateuch.* Londres: Macmillan, 1886.

fmann não aceitava essa datação tardia de P[68]. No contexto da hipótese documentária, a datação do Pentateuco tornou-se uma investigação simplificada (e circular). Uma vez que uma passagem era atribuída à J, E, D ou P, sua datação era estabelecida com base na teoria global embasada nas fontes da hipótese documentária. No entanto, desde o início dos anos de 1970, o paradigma wellhauseano da hipótese documentária foi sendo cada vez mais submetido à crítica, de modo que não é mais possível assumi-la como dada, pelo menos na Europa[69]. Por isso, a questão da datação se torna novamente crucial. De fato, é fascinante observar como uma passagem como Gn 12,1-4a, considerada por G. von Rad e H.W. Wolff como sendo um resumo do querigma javista, datada da época de Salomão[70], possa ser datada do Período Persa, como faz, por exemplo, J.-L. Ska em um excelente artigo que considera a passagem como pós-exílica, misturando estilos e temas deuteronomistas e sacerdotais com o objetivo de integrar as tradições sobre Abraão dentro do

---

68. KAUFMANN, Y. *The Religion of Israel*: From Its Beginnings to the Babylonian Exile. Chicago: University of Chicago Press, 1960. Entre seus mais célebres discípulos, cf. MILGROM, J. The Antiquity of the Priestly Source: A Reply to Joseph Blenkinsopp. *Zeitschrift für die alttestamentliche Wissenschaft*, n. 111, p. 10-22, 1999. • HURVITZ, A. Once Again: The Linguistic Profile of the Priestly Material in the Pentateuch and Its Historical Age: A Response to J. Blenkinsopp. *Zeitschrift für die alttestamentliche Wissenschaft*, n. 112, p. 180-191, 2000. Para uma reavaliação crítica, cf. MEYER, E. Dating the Priestly Text in the Pre-Exilic Period: Some Remarks about Anachronistic Slips and Other Obstacles. *Verbum et Ecclesia*, n. 31, p. 6, 2010 [Disponível em: https://verbumetecclesia.org.za/index.php/VE/article/view/423/475 – Acesso em 02/03/2015].

69. Para uma visão de conjunto da pesquisa europeia sobre o Pentateuco, cf. DOZEMAN, T.B.; SCHMID, K. (orgs.). *A Farewell to the Yahwist?* – The Composition of the Pentateuch in Recent European Interpretation. Atlanta: Society of Biblical Literature, 2006. • NIHAN, C.; RÖMER, T. Le débat actuel sur la formation du Pentateuque. In: RÖMER, T. et al. (orgs.). Introduction a l'Ancien Testament. 2. ed. Genebra: Labor et Fides, 2009, p. 158-184.

70. RAD, G. *The Problem of the Hexateuch and Other Essays*. Trad. E.A. Trueman. Londres: SCM, 1984 [orig. alemão 1938], p. 1-78 (71-73). • WOLFF, H.W. The Kerygma of the Yahwist. In: BRUEGGEMANN, W.; WOLFF, H.W. (orgs.). *The Vitality of Old Testament Tradition*. Atlanta: John Knox, 1975 [original alemão, 1964], p. 41-82 (56).

Pentateuco[71]. A "democratização" da ideologia real e sua aplicação a Abraão (cf. os paralelos em 2Sm 7,9 e Sl 72,17), que é apresentado, em muitos aspectos, como um precursor não só de Moisés, mas também de Davi, não é possível senão após o fim da monarquia judaica[72]. Naturalmente, pode-se ter simpatia por essa hipótese, mas, da mesma forma, deve-se reconhecer que nossa datação dos textos do Pentateuco está intimamente ligada a uma visão global sobre a formação da Torá. É por isso que, antes de apresentar algumas possibilidades de datação desses textos, é conveniente examinar brevemente algumas questões ideológicas.

## Por que temos necessidade de datar o Pentateuco?

Ao contrário dos livros dos Reis que nomeiam muito soberanos estrangeiros e oferecem detalhes históricos (concordes ou não com as fontes extrabíblicas), o Pentateuco não parece muito inclinado a dar detalhes historiográficos dessa ordem. No relato sobre o êxodo, o faraó, comumente identificado como Ramsés II, não tem seu nome apresentado; o mesmo ocorre com o reino do Egito nas histórias de Abraão e José. E quando um monarca estrangeiro é nomeado, como Abimeleque, ele não pode ser facilmente identificado com algum soberano filisteu histórico, mesmo que possa haver alguma relação entre Abimeleque e Abdi-Milki, mencionado em uma inscrição de Asaradon de 673/672 como sendo o rei de Ashdod. A identificação de Abimeleque com esse rei ofereceria, de fato, um *terminus a quo* para Gn 20 e 26 muito

---

71. SKA, J.-L. L'appel d'Abraham et l'acte de naissance d'Israël. Genese 12,1-4a. In: VERVENNE, M.; LUST, J. (orgs.). *Deuteronomy and Deuteronomic Literature* – Festschrift C.H.W. Brekelmans. Lovaina: Leuven University Press/ Peeters, 1997, p. 367-389.

72. KÖCKERT, M. *Vätergott und Väterverheissungen*: Eine Auseinandersetzung mit Albrecht Alt und seinen Erben. Göttingen: Vandenhoeck & Ruprecht, 1988, p. 276-299.

diferente do contexto "histórico" sugerido pelo narrador[73]. A maioria dos relatos do Pentateuco parece construir perfis ou personagens através dos quais se busca descrever a intervenção de YHWH em favor do seu povo. Em Ex 1–15, o faraó representa o Egito, seus deuses e seu poderio, que serão destruídos pelo Deus de Israel[74]. O interesse pela historicidade dos relatos do Pentateuco e pela sua datação surgiu nos inícios da pesquisa histórico-crítica, uma vez que ela se tornou um critério para estabelecer a veracidade da Bíblia e que os pesquisadores acreditavam que quanto mais antigo fosse um texto, mais confiável e valioso, histórica e teologicamente, ele seria. Ainda hoje, muitos pesquisadores são oriundos de um contexto religioso e têm, consciente ou inconscientemente, ocultado ou revelado, os objetivos teológicos que podem ter alguma relação com certos pontos de vista concernentes à idade de textos ou de tradições do Pentateuco. Nós devemos ter consciência disso quando nos perguntamos por que é tão importante identificar os textos do Pentateuco como sendo "antigos" e podendo ser bastante próximos dos acontecimentos supostamente históricos.

Seguramente a questão da datação de um texto pertence à pesquisa crítica e não deveria ser negligenciada, já que ajuda a compreender como e em que contexto histórico se formou a Bíblia. Mas nós não deveríamos transformar a questão da datação em questão de fé.

---

73. Cf. o cap. 3 desta obra: "Observações sobre os contextos históricos da história de Abraão".

74. Existem, no entanto, alguns comentários históricos interessantes, como, p. ex., em Nm 13,22: "Hebron havia sido fundada sete anos antes de Tânis do Egito". Contudo, como aponta LEVINE, B.A. *Numbers 1-20* (Nova York: Doubleday, 1993, p. 354), essa informação não deveria ser tomada em sentido histórico: "This statement merely reflects the image of Tanis held in the first millennium BCE, when it was thought that this town in the northern delta had served as a capital city during the Ramesside period".

# A prova linguística?

A questão da datação dos textos do Pentateuco ou de outros textos bíblicos pode ser resolvida através da distinção entre o hebraico bíblico clássico e o hebraico bíblico tardio? Essa distinção ofereceria critérios aparentemente objetivos para a datação dos textos bíblicos? Não é de se admirar que esse método tenha encontrado um número importante de adeptos, mas, aqui, não exploraremos esses detalhes[75]. Vamos apenas destacar algumas precauções que devem ser tomadas quando do emprego desse método. Em primeiro lugar, devemos nos perguntar, com E. Ullendorf e E.A. Knauf, se o hebraico bíblico era realmente uma língua falada[76]. Fora da Bíblia, a prova da existência de um hebraico dito clássico[77] é limitada a algumas inscrições e nomes de personagens que não nos permitem afirmar que tenha existido um "hebraico clássico" unificado durante o período monárquico. Devemos, contudo, admitir variações dialetais nos textos extrabíblicos escritos ou orais e, ainda mais importante, diferenças entre língua literária e língua vernácula. Além disso, não há dúvidas de que alguns textos tardios como o Eclesiastes (Coélet) diferem do hebraico bíblico dito clássico, mas alguns textos que da mesma forma poderiam ser tão tardios quanto o Eclesiastes podem igualmente ter sido

---

75. Sobre essa temática, cf. os três importantes comentários de EDENBURG, C. *Dismembering the Whole*: Composition and Purpose of Judges 19-21. Atlanta: Society of Biblical Literature, 2016, p. 115-123.

76. ULLENDORF, E. *Is Biblical Hebrew a Language?* – Studies in Semitic Languages and Civilizations. Wiesbaden: Harrassowitz, 1977, p. 3-17. KNAUF, E.A. War Biblisch-Hebräisch eine Sprache? – Empirische Gesichtspunkte zur linguistischen Annäherung an die Sprache der althebräischen Literatur (1990). In: SCHMID, K. et al. (orgs.). *Data and Debates*: Essays in the History and Culture of Israel and Its Neighbors in Antiquity. Münster: Ugarit-Verlag, 2013, p. 411-423 (421): "o hebraico bíblico nunca foi uma língua falada".

77. KNAUF, E.A. War Biblisch-Hebräisch eine Sprache? remete diretamente à questão da plausibilidade desse conceito.

escritos em um perfeito hebraico "clássico", como é o caso de Zc 1–8 e do Salmo extracanônico 151[78].

Por fim, é, da mesma forma, muito difícil, se não impossível, estabelecer um limiar claro entre hebraico bíblico "clássico" e hebraico bíblico "tardio". Como observou recentemente C. Edenburg, os textos bíblicos que todos os pesquisadores admitem como tardios (de época persa) compartilham com as inscrições hebraicas/moabitas da Idade do Ferro uma preferência pelos sufixos do objeto diretamente ligados aos verbos[79]. Isto significa que não se pode afirmar que tenha havido uma evolução linear da língua[80]. O "hebraico bíblico" é antes de tudo uma língua literária, cuja longevidade teria ultrapassado o estado "falado" (se é que esse estado existiu), e que perdurou em meios escribas. A distinção entre hebraico bíblico clássico e hebraico bíblico tardio, sobretudo quando aplicada a um livro inteiro, não leva em conta o dado, largamente reconhecido, de que todo texto bíblico é o produto de um lindo processo de redação e de revisão. Supõe-se, assim, que os escribas fossem capazes de preservar, ou até mesmo criar em partes, uma língua que não era falada fazia muitos séculos. Deve-se, portanto, ser prudente quanto ao se afirmar que o conjunto do Pentateuco foi redigido antes do exílio, porque ele é, em sua maior parte, escrito em hebraico bíblico clássico[81].

---

78. YOUNG, I. What Is "Late Biblical Hebrew"? In: ZVI, E.B. et al. (orgs.). *A Palimpsest*: Rhetoric, Ideology, Stylistics, and Language Relating to Persian Israel. Piscataway: Gorgias Press, 2009, p. 253-268 (258-259).

79. EDENBURG, C. *Dismembering*. Op. cit., p. 120-121.

80. Cf. YOUNG, I. What Do We Actually Know about Ancient Hebrew. *Australian Journal of Jewish Studies*, n. 27, p. 11-31, 2013, que discute a dita teoria das três etapas (hebraico clássico, hebraico tardio, hebraico mishnaico). Cf. tb. as apreciações distintas sobre o Livro de Jó em HURVITZ, A. The Date of the Aux origines de la Torah Prose Tale of Job Linguistically Reconsidered. *Harvard Theological Review*, n. 67, p. 17-34, 1974. • YOUNG, I. Is the Prose Tale of Job in Late Biblical Hebrew? *Vetus Testqmentum*, n. 59, p. 606-629, 2009.

81. EHRENSVÄRD, M. Once Again: The Problem of Dating Biblical Hebrew. *Scandinavian Journal of Old Testament*, n. 11, p. 29-40, 1997.

Quais são, então, as outras possibilidades de que dispomos para datar os textos do Pentateuco?

## A datação "alegórica"

O emprego de um método de datação que poderíamos chamar de "alegórico" é relativamente comum, embora não seja designado dessa forma. A promessa feita a Abraão em Gn 12,1-4a, mencionada anteriormente, foi datada por Von Rad no Período Salomônico porque, segundo sua argumentação, a promessa de uma grande nação e de um território vasto foi cumprida sob o reinado desse rei. No entanto, essa argumentação se apoia apenas sobre as hipóteses de que o Javista foi escrito nos tempos de Salomão e da historicidade dos relatos bíblicos sobre esse rei. Recentemente, T. Veijola e K. Schmid dataram, provavelmente com razão, a história da *Akedá* em Gn 22 no Período Persa, argumentando que a ordem divina segundo a qual Abraão devia sacrificar seu filho deveria ser lida como o reflexo do crescimento dos habitantes e da província de *Yehud*, no início do Período Persa, sobre o futuro (a descendência) de Israel[82]. Mais uma vez, essa interpretação não é evidente, embora não possa ser excluída. Gn 22 é, antes de mais nada, uma prova divina do patriarca, que a supera com êxito. Na minha opinião, a interpretação teológica desse texto não deveria ser utilizada para datá-lo.

Um outro caso interessante é o episódio do bezerro de ouro em Ex 32 (cf. Dt 9), no qual uma datação alegórica é associada a argumentos intertextuais. Ex 32,4 e 1Rs 12,28 são claramente interliga-

---

82. VEIJOLA, T. Das Opfer des Abraham – Paradigma des Glaubens aus dem nachexilischen Zeitalter. *Zeitschrift für Theologie und Kirche*, n. 85, p. 129-164, 1988. • SCHMID, K. Die Rückgabe der Verheißungsgabe: Der "heilsgeschichtliche" Sinn von Gen 22 im Horizont innerbiblischer Exegese. In: WITTE, M. (org.). *Gott und Mensch im Dialog*: Festschrift für Otto Kaiser zum 80. Geburtstag. Berlim: de Gruyter, 2004, p. 271-300.

dos; a questão é de como saber utilizar esse paralelismo para datar o relato de Êxodo (ou de Reis)[83].

- Ex 32,4: *Estes são os teus deuses, Israel, que te fizeram sair da terra do Egito.*
- 1Rs 12,28: *Eis teus deuses, Israel, que te fizeram sair da terra do Egito.*

Uma primeira versão de Ex 32 teria sido escrita no tempo do reino de Israel a fim de criticar os santuários de Betel e Dã, no Norte?[84] Ex 32 pressuporia a queda do reino do Norte e a reforma de Josias (cf. os paralelos entre a destruição do bezerro de ouro por Moisés em Ex 32 e a reforma de Josias em 2Rs 23)?[85] Ou, na verdade, Ex 32 seria uma alegoria da queda de Judá?[86] Por si só, os contextos alegóricos históricos dos relatos do Pentateuco são especulativos demais para convencer a maioria dos pesquisadores. Essa abordagem não pode ser utilizada, a menos que seja para corroborar argumentos de outra ordem.

## Argumentos *ex silencio*

Utilizado também no domínio de outros estudos clássicos, esse método está calcado sobre a hipótese de que quando uma

---

83. Para uma história da pesquisa até 2000, cf. SCHMID, K. Israel am Sinai: Etappen der Forschungsgeschichte zu Ex 32-34 in seinen Kontexten. In: KÖCKERT, M.; BLUM, E. (orgs.). *Gottes Volk am Sinai: Untersuchungen zu Ex 32-34 und Dtn 9-10.* Gütersloh: Kaiser, 2001, p. 9-39.

84. KNOPPERS, G.N. Aaron's Calf and Jeroboam's Calves. In: BECK, A.B. et al. (orgs.). *Fortunate the Eyes That See*: Essays in Honor of David Noel Freedman in Celebration of His Seventieth Birthday. Grand Rapids: Eerdmans, 1995, p. 92-104.

85. RÖMER, T. Le jugement de Dieu et la chute d'Israël selon Exode 32. *Foi et Vie*, n. 91, p. 3-14, 1992.

86. DOZEMAN, T.B. *Exodus.* Grand Rapids: Eerdmans, 2009, p. 700. Cf. tb. DOZEMAN, T.B. The Composition of Ex 32 within the Context of the Enneateuch. In: BECK, M.; SCHORN, U. (orgs.). *Auf dem Weg zur Endgestalt von Genesis bis II Regum*: Festschrift für Hans-Christoph Schmitt zum 65. Geburtstag. Berlim: de Gruyter, 2006, p. 175-189.

tradição não é mencionada nos textos mais antigos, ela deve ser mais recente que esses. A pesquisa de H. Vorländer sobre a formação e idade dos documentos javistas e elohistas estava essencialmente fundada sobre a argumentação que a história "jeovista" (J/E) deve ser datada na época exílica, pois as tradições que ela comporta não são atestadas nos textos pré-exílicos dos profetas anteriores e posteriores[87]. Esse método é problemático, não somente porque muitos textos proféticos são difíceis de datar, mas também porque ele repousa sobre citações ou alusões a tradições do Pentateuco exteriores à Torá. Dito isso, buscar a presença ou ausência de tradições do Pentateuco fora do Pentateuco pode, por vezes, ser útil, como é o caso das referências a Abraão comparadas às referências bem mais frequentes a Jacó. Os textos datáveis que mencionam Abraão fora da Torá, até mesmo no Hexateuco, pertencem provavelmente ao Período Babilônico ou ao início do Período Persa (Ez 33,24)[88]. Isso poderia dar crédito à teoria, bastante comum hoje em dia na pesquisa alemã, segundo a qual a formação *literária* da tradição sobre Abraão não teve início muito antes do século VI a.C.[89]

Um caso mais intrigante é o personagem de José. Embora o nome "José" apareça em vários livros proféticos como referência ao reino do Norte, algumas claras alusões à sua história (Gn 37–50) se encontram fora do Hexateuco, além do Sl 105, um texto que habitualmente é considerado como já pressupondo toda a Torá[90]. Se levarmos em consideração as observações do egiptólogo Donald

---

87. VORLÄNDER, H. *Die Entstehungszeit des jehowistischen Geschichtswerkes.* Berna: Lang, 1978.

88. Para mais detalhes, cf. RÖMER, T. Recherches actuelles sur le cycle d'Abraham. In: WENIN, A. (org.). *Studies in the Book of Genesis* – Literature, Redaction and History. Lovaina: Leuven University Press/Peeters, 2001, p. 179-211.

89. Cf. tb., neste volume, o cap. 3 sobre o ciclo de Abraão.

90. Cf. RAMOND, S. *Les leçons et les énigmes du passé*: Une exégèse intra-biblique des psaumes historiques. Berlim: De Gruyter, 2014, p. 154-159.

Redford, que nota que as alusões aos costumes e aos nomes egípcios convêm mais particularmente ao Período Saíte ou aos períodos posteriores[91], isso sustentaria uma datação tardia do relato sobre José. Associada a uma interpretação de tipo "alegórica", a história de José poderia ser compreendida como um "romance da diáspora" escrito (provavelmente no Egito) durante o Período Persa, ou até mesmo no início do Período Helenístico[92].

## Terminus a quo e terminus ad quem

Nós já mencionamos que o *terminus a quo* não é um critério suficiente para a datação do Pentateuco. Esse critério também deve ser empregado com circunspecção mesmo quando aplicado aos outros textos. É sabido que M. Noth utilizava a última passagem dos livros dos Reis (2Rs 25,27-30), para datar a chamada história deuteronomista por volta de 520 a.C. Curiosamente, Noth chegou à identificação de um *terminus a quo* e de um *terminus ad quem* partindo da ideia de que o Deuteronomista (Dtr) foi um "corretor honesto" que

---

91. REDFORD, D.B. *A Study of the Biblical Story of Joseph (Genesis 37-50)*. Leiden: Brill, 1970.

92. Essa datação da história de José se torna cada vez mais comum no contexto das pesquisas na Europa. Cf. RÖMER, T. Joseph approché: Source du cycle, corpus, unité. In: ABEL, O.; SMYTH, F. (orgs.). *Le livre de traverse*: De l'exégèse biblique à l'anthropologie. Paris: Cerf, 1992, p. 73-85. • CATASTINI, A. *Storia di Giuseppe (Genesi 37-50)*. Veneza: Marsilio, 1994. • HUSSER, J.-M. L'histoire de Joseph. In: QUESNEL, M.; GRUSON, P. (orgs.). *La Bible et sa culture*: Ancien Testament. Paris: Desclée, 2000, p. 112-122. • UEHLINGER, C. Fratrie, filiations et paternités dans l'histoire de Joseph (Genese 37-50). In: MACCHI, J.-D.; RÖMER, T. (orgs.). *Jacob: Commentaire à plusieurs voix de Gen. 25-36* – Mélanges offerts à Albert de Pury. Genebra: Labor et Fides, 2001, p. 303-328. • FIEGER, M.; HODEL-HOENES, S. *Der Einzug in Ägypten*: Ein Beitrag zur alttestamentlichen Josefsgeschichte. Berna: Lang, 2007, p. 375-376. • EBACH, J. *Genesis 37-50*. Friburgo im Breisgau: Herder, 2007, p. 693. • NOCQUET, D. L'Égypte, une autre terre de salut? – Une lecture de Gn 45,1–46,7. *Études Théologiques et Religieuses*, n. 84, p. 461-480, 2009. • KIM, H.C.P. Reading the Joseph Story (Genesis 37-50) as a Diaspora Narrative. *Catholic Biblical Quarterly*, n. 75, p. 219-238, 2013.

transmitiu todas as informações e fontes à sua disposição[93]: em outros termos, Noth supunha que se o Deuteronomista tivesse tido conhecimento de acontecimentos datados do Período Persa, ele os teria incluído. Contudo, como pontuou Graeme Auld com uma pitada de ironia: "O fato de que os livros dos Reis se encerrem apresentando o destino do último rei de Judá nos diz tanto sobre sua data de composição (geralmente considerada como exílica) quanto o fato de o Pentateuco se encerrar com a apresentação da morte de Moisés"[94]. Malgrado a perspectiva exílica de Deuteronômio-Reis, é bastante plausível que a história deuteronomista tenha assistido a uma ou mais redações no Período Persa (mas aqui não temos condições de tratar esse aspecto[95]).

Contudo, há casos na Torá em que um argumento do tipo *terminus a quo* pode ser interessante. A expressão "Our Casdim" [Ur dos caldeus] é um exemplo. Ela aparece na Bíblia Hebraica em Gn 11,28.31 (P); Gn 15,7 e Ne 9,7 (que aparentemente cita Gn 15,7). A expressão "Casdim" é, em contrapartida, largamente atestada, sobretudo nos livros dos Reis e de Jeremias, onde faz referência aos neobabilônicos. A expressão não pode, portanto, ter aparecido antes do final do século VII a.C., e a data do século VI (ou uma data mais tardia) é plausível para os textos de Gênesis. Se Gn 11,28.31 pertence ao mesmo estrato literário que outros textos P, essa observação tem consequências sobre o *terminus a quo* dos escritos sacerdotais do Pentateuco.

Uma perspectiva análoga pode ser aplicada ao nome "Yawan" [Javã] que, no Pentateuco, aparece na tábua das nações (P) em

---

93. NOTH, M. *Überlieferungsgeschichtliche Studien*: Die sammelnden und bearbeitenden Geschichtswerke im Alten Testament. Darmstadt: Wissenschaftliche Buchgesellschaft, 1967 [Ed. ingl.: *The Deuteronomistic History*. 2. ed. Sheffield: Sheffield Academic, 1991, p. 26, 128].

94. AULD, A.G. *Samuel at the Threshold*: Selected Works of Graeme Auld. Burlington: Ashgate, 2004, p. 45-61.

95. Para mais detalhes, cf. RÖMER, T. *La première histoire d'Israël* – L'École deutéronomiste à l'oeuvre. Genebra: Labor et Fides, 2007.

Gn 10,2.4 e que poderia estar em relação com o nome "Ionien". Na Bíblia Hebraica, ele é empregado em Is 66,19; Ez 27,13.19; Zc 9,13 e Dn 10,20 e 11,2 para designar as populações gregas da Ásia Menor ou da Grécia. Todos esses textos não são anteriores ao Período Persa, o que situaria as passagens P em Gn 10 dentro do mesmo contexto[96]. O nome Ionie (KURiaman) aparece em uma inscrição de Asaradon e possivelmente também sob Senaquerib (embora, nesse caso, o nome seja restaurado) ou ainda em outros textos do Período Neoassírio, o que sugere a possibilidade de um *terminus a quo* anterior[97]. No entanto, no contexto da Bíblia Hebraica, um *terminus a quo* no século VI a.C. parece mais plausível.

O *terminus ad quem* dos principais textos do Pentateuco deveria se situar em torno de 350-300 a.C., o que não significa que revisões posteriores não tenham sido possíveis, como demonstra a variedade de manuscritos de Qumran e as diferenças existentes entre o texto massorético e a Septuaginta no que concerne às indicações cronológicas (duração da vida etc.), notadamente em Gênesis.

## A datação através de comparações externas

Vários textos do Pentateuco estabelecem relação com textos ou nomes de personagens extrabíblicos. Os relatos sacerdotais e não sacerdotais sobre o dilúvio são os exemplos mais evidentes. Eles

---

96. Essa datação de Gn 10 é proposta em PURY, A. Sem, Cham et Japhet: De la fraternité a l'esclavage. In: KOLDE, A. et al. (orgs.). κορυφαίῳ ἀνδρί: Mélanges offerts à André Hurst. Genebra: Droz, 2005, p. 495-508, que considera os textos não-P desse capítulo como sendo pós-P.

97. TUPLIN, C. *Achaemenid Studies*. Stuttgart: Steiner, 1996, p. 27. Outros textos podem fazer referência aos jônicos. Cf. BAGG, A.M. *Die Orts-und Gewässernamen der neuassyrischen Zeit, Teil 1*: Die Levante. Wiesbaden: L. Reichert, 2007, p. 123-124. Sobre o contexto histórico, cf. ROLLINGER, R. The Ancient Greeks and the Impact of the Ancient Near East Textual Evidence and Historical Perspective (*ca.* 750-650 BC). In: WHITING, R.M. (org.). *Mythology and Mythologies*: Methodological Approaches to Intercultural Influence. Helsinki: Neo-Assyrian Text Corpus Project, 2001, p. 233-264.

têm paralelos próximos dos relatos mesopotâmicos do dilúvio e, de modo particular, com a tabuleta 11 da versão oficial da epopeia de Gilgamesh, pertencente à biblioteca de Assurbanipal. Essa versão é considerada como a reprodução de uma versão mais antiga. A questão é saber quando os escribas judaicos tomaram conhecimento desse relato ou de um relato similar. Esses relatos eram acessíveis à época em que Israel e Judá estavam sob o domínio assírio? Ou seria mais plausível pensar que esses escribas conceberam uma versão javista do dilúvio quando estiveram exilados na Babilônia?[98]

A história original do nascimento de Ismael também poderia ser datada a partir de paralelos externos; aceita-se a perspectiva de Knauf, segundo a qual o nome de "Ismael" reflete uma confederação de tribos árabes atestadas no século VIII, em documentos assírios[99]. O relato original de Gn 16 poderia, portanto, ter vindo à luz no século VII como uma etiologia dessas tribos e como uma tentativa de relacioná-las com Abraão.

O relato sobre o nascimento de Moisés em Ex 2,1-10 possui um paralelo próximo na legenda do nascimento de Sargon[100], cujas cópias são atestadas no século VIII. É, portanto, plausível que o relato sobre o nascimento de Moisés tenha sido escrito no século VII (du-

---

98. Cf. o debate em GERTZ, J.C. Beobachtungen zum literarischen Charakter und zum geistesgeschichtlichen Ort der nichtpriesterlichen Sintfluterzählung. In: BECK, M.; SCHORN, U. (orgs.). *Auf dem Weg zur Endgestalt von Genesis bis II Regum*: Festschrift für Hans-Christoph Schmitt zu seinem 65. Geburtstag. Berlim: De Gruyter, 2006, p. 41-57. • RÖMER, T. La création des hommes et leur multiplication. Lecture comparée d'Athra-Hasis, de Gilgamesh XI et de Genese 1; 6-9. *Semitica*, n. 55, p. 147-156, 2013.

99. KNAUF, E.A. *Ismael*: Untersuchungen zur Geschichte Palästinas und Nordarabiens im 1. Jahrtausend v. Chr. 2. ed. Wiesbaden: Harrassowitz, 1989, p. 1-16, 25-55. Cf. tb. as dicussões de Finkelstein e Römer nesta obra e em KNAUF, E.A. Ishmael, I: Hebrew Bible/Old Testament. *Encyclopedia of the Bible and Its Reception*, n. 13, p. 352-355, 2016.

100. GERHARDS, M. *Die Aussetzungsgeschichte des Mose*: Literarund traditionsgeschichtliche Untersuchungen zu einem Schlüsseltext des nichtpriesterlichen Tetrateuch. Neukirchen-Vluyn: Neukirchener Verlag, 2006, p. 149-259.

rante o reinado de Josias?)[101] com o objetivo de demonstrar que Moisés foi tão importante quanto o fundador da dinastia assíria.

Um outro caso interessante é a bênção sacerdotal em Nm 6,22-26, que tem um paralelo extrabíblico nos amuletos de Ketef Hinnim. Esses amuletos foram datados nos séculos VIII ou VII a.C.[102], uma data utilizada por alguns pesquisadores para reivindicar uma datação pré-exílica do Código Sacerdotal, se Nm 6, de fato, faz parte de um "documento P"[103]. Esse argumento não leva em conta a possibilidade de que a bênção tenha sido, na origem, uma peça poética independente, que poderia ter sido inserida no Livro dos Números. De qualquer forma, não há mais consenso sobre a datação desses amuletos[104].

A primeira versão do Livro do Deuteronômio continua sendo o principal tema dos esforços de datação a partir de comparações externas. Notou-se, muitas vezes, que o livro reflete o estilo e a ideologia dos tratados de vassalagem neoassírios, ou ainda mais, dos juramentos de lealdade. É interessante notar que os documentos

---

101. OTTO, E. *Das Gesetz des Mose.* Darmstadt: Wissenschaftliche Buchgesellschaft, 2007, p. 182-185. Por vezes, os estudiosos realçam os paralelos entre Ex 2 e a lenda do nascimento de Ciro, transmitida por Heródoto. Cf., p. ex., ZLOTNICK-SIVAN, H. Moses the Persian? – Exodus 2, the "Other" and Biblical "Mnemohistory". *Zeitschrift für die alttestamentliche Wissenschaft,* n. 116, p. 189-205, 2004, mas esses paralelos são pouco convincentes.

102. BARKAY, G. The Priestly Benediction on Silver Plaques from Ketef Hinnom in Jerusalem. *Tel Aviv,* n. 19, p. 139-192, 1992. • BARKAY, G. et al. The Amulets from Ketef Hinnom: A New Edition and Evaluation. *Bulletin of the American Schools of Oriental Research,* n. 334, p. 41-71, 2004.

103. WAALER, E. A Revised Date for Pentateuchal Texts? – The Evidence from Ketef Hinnom. *Theologische Bibliothek,* n. 53, p. 29-55, 2002. Cf. tb. a Apresentação em SMOAK, J.D. *The Priestly Blessing in Inscription and Scripture*: The Early History of Numbers 6,24-26. Nova York: Oxford University Press, 2015, p. 61-88.

104. Por uma datação dos séculos VI ou V, cf., p. ex., BERLEJUNG, A. Ein Programm fürs Leben: Theologisches Wort und anthropologischer Ort der Silberamulette von Ketef Hinnom. *Zeitschrift für die alttestamentliche Wissenschaft,* n. 120, p. 204-230, 2008. • NA'AMAN, N. A New Appraisal of the Silver Amulets from Ketef Hinnom. *Israel Exploration Journal,* n. 61, p. 184-195, 2011.

neoassírios empregam o *Numeruswechsel* (a frequente mudança entre a segunda pessoa do singular e do plural), que aparece repetidas vezes em Deuteronômio. H.-U. Steymans levou essa comparação ainda mais longe ao afirmar que a mais antiga edição do Deuteronômio usava um modelo específico: o juramento de lealdade (*adê*) de Asaradon, escrito com o objetivo de garantir a sucessão de seu filho, Assurbanipal. Os paralelos entre as exortações de lealdade e Dt 6,4-9, bem como Dt 13, da mesma forma que os paralelos entre as maldições de *adê* e Dt 28, são muito próximos para serem consideradas meras coincidências. A melhor solução pode ser, de fato, concluir que o autor de Dt 6,12-18 e 28 utilizou um texto neoassírio, que se pode datar de maneira bastante precisa em 672[105]. Isso confirmaria a tendência De Wette situar a primeira edição do Deuteronômio na época do Rei Josias. Alguns dos meus colegas alemães e finlandeses podem considerar essa perspectiva como ingênua e preferir uma datação no Período Babilônico ou até mesmo persa para a primeira edição do Livro do Deuteronômio[106], mas é difícil compreender por que alguém, nesses períodos, elaboraria a parte central do Deuteronômio segundo as normas literárias neoassírias. Isso não significa que todas as partes do Deuteronômio possam ser explicadas a partir dos paralelos neoassírios, visto que o Deuteronômio foi novamente editado ou revisado ao longo dos séculos VI e V a.C.,

---

105. STEYMANS, H.U. *Deuteronomium 28 und die* adê *zur Thronfolgeregelung Asarhaddons*: Segen und Fluch im Alten Orient und in Israel. Göttingen: Vandenhoeck & Ruprecht, 1995. • STEYMANS, H.U. Die neuassyrische Vertragsrhetorik der "Vassal Treaties of Esarhaddon" und das Deuteronomium. In: BRAULIK, G. (org.). *Das Deuteronomium.* Frankfurt am Main: Lang, 2003, p. 89-152. • OTTO, E. *Das Deuteronomium*: Politische Theologie und Rechtsreform in Juda und Assyrien. Berlim: De Gruyter, 1999.

106. KRATZ, R.G. Der literarische Ort des Deuteronomiums. In: KRATZ, R.G.; SPIECKERMANN, H. (orgs.). *Liebe und Gebot: Studien zum Deuteronomium –* Festschrift zum 70. Geburtstag von Lothar Perlitt. Göttingen: Vandenhoeck & Ruprecht, 2000, p. 101-120. • PAKKALA, J. The Date of the Oldest Edition of Deuteronomy. *Zeitschrift für die alttestamentliche Wissenschaft*, n. 121, p. 388-401, 2009.

mas os paralelos neoassírios indicam uma data do século VII para a parte original desse livro[107].

## A datação relativa por comparação interna

Finalmente, as tradições paralelas no interior do Pentateuco permitem, em alguns casos, uma datação relativa. O exemplo mais evidente, sobre o qual está de acordo a maioria dos pesquisadores, é a relação entre o Código da Aliança em Ex 20–23 e o Código Deuteronômico (Dt 12–26). Se esse último tivesse por objetivo uma nova edição do Código da Aliança, como defende, por exemplo, B.M. Levinson[108], seria, então, claro que o Código da Aliança deveria anteceder, pelo menos em quarenta ou cinquenta anos, a primeira edição do Código Deuteronômico. E se Lv 26 depende de Dt 28,

---

107. Essa data é confirmada pela recente descoberta de uma cópia do juramento de lealdade de Asaradon no templo de Tayinat. Ela torna perfeitamente plausível que também houvesse uma cópia do tratado de vassalagem de Asaraon (= TVA) em Jerusalém. Cf. STEYMANS, H.U. Deuteronomy 28 and Tell Tayinat. *Verbum et Ecclesia*, n. 34, p. 13, 2013 [Disponível em http://www.ve.org. za/index php/VE/ article/ view/870 – Acesso em 16/02/2016]. Para uma consulta ao texto, cf. LAUINGER, J. Esarhaddon's Succession Treaty at Tell Tayinat: Text and Commentary. *Journal of Cuneiform Studies*, n. 64, p. 87-123, 2012. Evidentemente, também é possível destacar os paralelos entre o Deuteronômio e os tratados de vassalagem hititas, como fez BERMAN, J. Histories Twice Told: Deuteronomy 1-3 and the Hittite Treaty Prologue Tradition (*Journal of Biblical Literature*, n. 132, p. 229-250, 2013), mas esses paralelos não são tão próximos quanto aqueles que se pode estabelecer com o TVA e demonstram que a retórica de vassalagem neoassíria foi provavelmente influenciada por precursores ocidentais como os tratados hititas.

108. LEVINSON, B.M. *Deuteronomy and the Hermeneutics of Legal Innovation.* Nova York: Oxford University Press, 1997. Essa ideia é aceita pela maioria dos pesquisadores. Para acessar diferentes pontos de vista, cf. VAN SETERS, J. *A Law Book for the Diaspora*: Revision in the Study of the Covenant Code. Oxford: Oxford University Press, 2003. Em outra perspectiva, cf. OSWALD, W. *Israel am Gottesberg*: Eine Untersuchung zur Literaturgeschichte der vorderen Sinaiperikope Ex 19-24 und deren historischem Hintergrund. Göttingen: Vandenhoeck & Ruprecht, 1998. • RO, J.U. The Portrayal of Judean Communities in Persian Era Palestine through the Lens of the Covenant Code. *Semitica*, n. 56, p. 249-289, 2014.

e provavelmente também de outros textos sacerdotais, ele deveria ser, portanto, mais tardio[109]. E a mesma lógica se aplicaria ao código chamado Código de Santidade (Lv 17–26), do qual Lv 26 é a conclusão[110]. Por conseguinte, esse método pode fornecer importantes argumentos em favor de uma cronologia relativa dos textos do Pentateuco, que se pode, em seguida, tentar ancorar dentro de uma cronologia absoluta. Essa datação, certamente, permanece hipotética, até o momento em que se encontrem documentos passíveis de análise por radiocarbono.

## Conclusão

A data mais provável para a existência dos textos do Pentateuco é o Período Persa, porque esse contexto pode ser deduzido a partir de dados concretos. Quanto mais voltamos no tempo, tanto mais a datação se torna hipotética e complicada. Deve-se, portanto, começar qualquer análise de um texto perguntando se ele é adequado ao Período Persa, se ele é ou não composto e quais são as possibilidades de identificar seus estratos mais antigos. A primeira edição do Deuteronômio no século VII a.C. permaneceu, desde a época de De Wette, aparentemente, um bom ponto de partida para a datação

---

109. NIHAN, C. Heiligkeitsgesetz und Pentateuch: Traditionsund kompositionsgeschichtliche Aspekte von Levitikus 26. In: HARTENSTEIN, F.; SCHMID, K. (orgs.). *Abschied von der Priesterschrift? Zum Stand der Pentateuchdebatte.* Leipzig: Evangelische Verlagsanstalt, 2015, p. 186-218.

110. OTTO, E. Innerbiblische Exegese im Heiligkeitsgesetz: Levitikus 17-26. In: FABRY, H.-J.; JÜNGLING, H.-W. (orgs.). *Levitikus als Buch.* Berlim: Philo, 1999, p. 125-196. • NIHAN, C. The Holiness Code between D and P: Some Comments on the Function and Significance of Leviticus 17-26 in the Composition of the Torah. In: OTTO, E.; ACHENBACH, R. (orgs.). *Das Deuteronomium zwischen Pentateuch und Deuteronomistischem Geschichtswerk.* Göttingen: Vandenhoeck & Ruprecht, 2004, p. 81-122. • STACKERT, J. *Rewriting the Torah:* Literary Revision in Deuteronomy and the Holiness Legislation. Tübingen: Mohr Siebeck, 2007. Embora esses autores tenham pontos de vista divergentes em relação à datação e à função do Código de Santidade, eles concordam quanto à cronologia relativa.

de textos mais antigos. No que concerne ao P, há fortes razões para admitir que uma datação no Período Persa permaneça como a melhor opção. Contudo, não devemos dramatizar as divergências. Até mesmo os pesquisadores que sustentam uma datação pós-exílica para o documento sacerdotal admitem que os rituais e as prescrições em Lv 1–15 podem datar, ao menos parcialmente, da época do Primeiro Templo[111]. No entanto, de um ponto de vista metodológico, é mais seguro estudar os textos P da Torá situando-os sobretudo no contexto do Segundo Templo.

---

111. NIHAN, C. *From Priestly Torah to Pentateuch*: A Study in the Composition of the Book of Leviticus. Tübingen: Mohr Siebeck, 2007, p. 198-231.

# 3
# Observações sobre os contextos históricos da história de Abraão
## *Entre arqueologia e exegese*

*Israel Finkelstein*
*Thomas Römer*

Desde que a tradicional hipótese documentária foi desconstruída, pelo menos na Europa, mas também em certos meios da pesquisa israelense, não é mais possível estabelecer nem a data, nem a origem das tradições do Pentateuco atribuindo-as a "documentos" supostamente bem datados. Consequentemente, nós não podemos mais aderir ao tradicional ponto de vista histórico-crítico concernente à formação dos textos sobre Abraão[112] que, segundo certas concepções clássicas, teria sua origem em uma composição javista do Período Salomônico (cf., p. ex., Von Rad) ou, ainda antes, no início da monarquia israelita, na famosa *Grundschrift* de Noth[113]. O discurso divino em Gn 12,1-4, no qual YHWH promete a Abraão um grande nome e de fazer dele uma bênção para todas as nações,

---

112. Sobre os inícios da pesquisa histórico-crítica a respeito dos patriarcas no século XIX, cf. SKA, J.-L. Abraham between History and Poetry. *Hebrew Bible and Ancient Israel*, n. 3, p. 24-42, 2014.

113. RAD, G. The Form Critical Problem of the Hexateuch. In: *The Problem of the Hexateuch and Other Essays*. Edimburgo: Oliver & Boyd Ltd., 1984, p. 1-78. • NOTH, M. *A History of Pentateuchal Traditions*. Atlanta: Scholars Press, 1981 (original 1972).

assim como os termos da aliança em Gn 15,18 onde Ele lhe anuncia o dom de uma terra que se estende do Nilo ao Eufrates, eram compreendidos como reflexo da situação geopolítica do império salomônico (cf. Von Rad; Wolff[114]). Outros autores situaram a origem da tradição sobre Abraão no entorno de Hebron, a fim de datar, no tempo de Davi, os estratos mais antigos dessa história, porque, segundo 2Sm 5, Davi foi ungido como rei em Hebron. Os relatos mais antigos sobre Abraão eram, então, considerados como constituintes de uma legitimação da dinastia davídica[115]. Essas hipóteses, portanto, estavam fundadas sobre uma argumentação circular, que consistia em datar os textos a partir de informações constantes nesses mesmos textos[116].

Contudo, é certamente ainda mais anacrônico continuar buscando um "Abraão histórico" (como fizeram Albright, Westermann e outros autores) por meio da utilização de textos legislativos do segundo milênio como Nuzi e outros, que supostamente refletiriam os costumes dos patriarcas[117], postulando, assim, uma data do segundo

---

114. WOLFF, H.W. Das Kerygma des Jahwisten. *Evangelische Theologie*, n. 24, p. 73-98, 1964.

115. LEMAIRE, A. Cycle primitif d'Abraham et contexte géographicopolitique. In: LEMAIRE, A.; OTZEN, B. (orgs.). *History and Traditions of Early Israel. Studies Presented to Eduard Nielsen.* Leiden: Brill, 1993, p. 62-75.

116. A ideia de que a descrição da terra prometida em Gn 15,18 refletiria as fronteiras do império davídico ou salomônico é típica dessa argumentação circular. A teoria sobre tal império funda-se unicamente sobre alguns textos bíblicos (mas não sobre todos). A descrição de um "território" que se estendia do rio do Egito ao Eufrates reflete as realidades administrativas do Período Persa (cf. tb. 2Rs 24,7). Há, de fato, tentativas de descrever Abraão como um novo Davi ou como personagem dotado de atributos reais, mas essa característica aparece apenas nos textos tardios, pós-monárquicos, que buscam apresentá-lo como um substitutivo da dinastia davídica. Cf., p. ex., KÖCKERT, M. *Vätergott und Väterverheissungen* – Eine Auseinandersetzung mit Albrecht Alt und seinen Erben. Göttingen: Vandenhoeck & Ruprecht, 1988, p. 276-299. • RÖMER, T. Abraham and the Law and the Prophets. In: CARSTENS, P.; LEMCHE, N.P. (orgs.). *The Reception and Remembrance of Abraham.* Piscataway: Gorgias, 2011, p. 103-118.

117. Para uma apresentação radicalmente crítica dessa perspectiva, cf. SETERS, J. *Abraham in History and Tradition.* New Haven: Yale University Press, 1975.

milênio para a época dos patriarcas[118]. Isso não significa que se deva negar a possibilidade de que tenha existido um indivíduo histórico chamado Abraão, do qual o túmulo se tornou um lugar de veneração. No entanto, nada é possível reconstruir sobre esse "Abraão histórico". Nos textos, de fato, o elemento mais antigo que é associado a ele é sua tumba e/ou seu culto em Mambré (Gn 25,9). O que nós podemos e devemos fazer é, portanto, buscar indicações que nos permitam localizar e datar os elementos ou as camadas desse complexo ciclo sobre Abraão.

Há, seguramente, pouco consenso sobre essa questão na pesquisa recente e os pesquisadores com frequência elaboram suas teorias baseadas em uma cronologia relativa de diversos textos bíblicos, que eles datam por comparação com outas tradições bíblicas. Gn 12,1-4, por exemplo, foi anteriormente considerado, no contexto da hipótese documentária, como um texto-chave do javismo do século X, ao passo que, agora, é identificado como um texto pertencente ao Período Persa porque retoma a ideologia real (cf. Sl 72,8.17) e a projeta sobre Abraão. Ele parece igualmente pressupor ideias e uma terminologia deuteronomista e sacerdotais[119]. Nas publicações recentes, de fato, todo o relato sobre Abraão em Gn 12–25 é possivelmente datado, no máximo, no período exílico (babilônico)[120].

---

118. Cf. a discussão e crítica em FINKELSTEIN, I.; SILBERMAN, N.A. *The Bible Unearthed – Archeology's New Vision of Ancient Israel and the Origin of its Sacred Texts*. Nova York: Free Press, 2001 [Trad. bras.: *A Bíblia desenterrada*. Petrópolis: Vozes, 2018].

119. SKA, J.-L. The Call of Abraham and Israel's Birth-certificate (Gen 12: 1-4a). *The Exegesis of the Pentateuch*. Tübingen: Mohr Siebeck, 2009, p. 46-66.

120. Essa é, p. ex., a opinião de A. de Pury, que sustenta que o nível P do relato de Abraão é o mais antigo, e sua datação seria do início do Período Persa. Todos os outros textos não-P teriam sido inseridos mais tarde. Cf. PURY, A. Abraham: The Priestly Writer's "Ecumenical" Ancestor. In: MCKENZIE, S.L.; RÖMER, T. (orgs.). *Rethinking the Foundations* – Historiography in the Ancient World and in the Bible. Essays in Honour of John Van Seters. Berlim: De Gruyter, 2000, p. 163-181.

Quando uma data (tardia) das tradições sobre Abraão é adiada, não é suficiente levar em consideração as situações geográficas e os topônimos que aparecem nos relatos e, consequentemente, a arqueologia. Em outras palavras, muito pouco interesse é mobilizado para investigar sobre as realidades históricas e arqueológicas que poderiam dar suporte a esses textos.

No seio do relato sobre os patriarcas em Gn 12–36, a própria existência de um antigo conjunto do Norte (o ciclo de Jacó), que retrata realidades da Idade do Ferro, parece contestar a ideia de que a totalidade da tradição patriarcal seria exílica ou pós-exílica[121]. A verdade é que não há alguma realidade posterior à Idade do Ferro que possa explicar certos topônimos ou certos contextos geopolíticos que aparecem nesse material[122].

Na discussão que se seguirá, nós pretendemos utilizar, ao mesmo tempo, a exegese bíblica e os conhecimentos provenientes da arqueologia e o exame das fontes históricas extrabíblicas, a fim de propor algumas observações preliminares sobre os "realia" que se encontram nos relatos sobre Abraão e que parecem importantes para descobrir sua data e seu contexto histórico.

No entanto, antes de tratar sobre o ciclo de Abraão dessa maneira, vale recordar a principal diferença entre as tradições do Sul e do Norte na Bíblia. Não há dúvidas de que os relatos bíblicos, sob vários aspectos, refletem uma perspectiva sulista. Isso fica muito perceptível naquilo que se chama história deuterono-

---

121. Cf. WAJDENBAUM, P. *Argonauts of the Desert*: Structural Analysis of the Hebrew Bible. Sheffield: Equinox, 2011, que sustenta que todo o Eneateuco retoma uma mitologia helenística, mas não oferece uma análise precisa do texto hebraico.

122. Alguém certamente poderia argumentar que as tradições ligadas a Jacó refletiriam as reivindicações dos samaritanos. Nos séculos V e IV, a insistência sobre as tradições do Norte, no Pentateuco, servem claramente para tornar a Torá "aceitável" para os habitantes do Norte (cf. tb. o fim do Deuteronômio). Mas se se considera a complexidade dos materiais reunidos em Gn 25–37, não se pode sustentar que esse tenha sido o ponto de partida das tradições ligadas a Jacó.

mista, que apresenta todos os reis do Norte de maneira negativa, e, nos livros das Crônicas, que ignoram quase totalmente o reino do Norte. E essa lógica é válida também para a organização do Livro do Gênesis: os relatos sobre os patriarcas começam com o personagem do Sul, Abraão, que é apresentado como o avô de Jacó, do Norte; o relato mais tardio, de José, coloca em evidência o papel de Judá e minimiza a importância de Rúben[123]. Essa revisão sulista de partes importantes da Bíblia Hebraica influenciou as pesquisas bíblicas, que "herdaram" essa mesma perspectiva do Sul. Se "Judá" (por meio de Abraão) tem a primazia nos relatos dos patriarcas assim como na pesquisa tradicional, os textos extrabíblicos e a arqueologia demonstram que historicamente Israel era o estado mais poderoso entre os dois reinos hebreus, desenvolvendo-se economicamente e demograficamente muito antes de Judá. Israel já era densamente populosa no Ferro I, quando Judá ainda era relativamente pouco povoada. O reino do Sul se desenvolveu somente na fase tardia do Ferro IIA recente (o final do século IX a.C.)[124] e atingiu seu apogeu somente no final do Ferro IIB-C (final do VIII e VII séculos a.C.)[125]. Em uma palavra, Israel era a potência dominante de um ponto de vista demográfico, econômico, militar e geopolítico, durante a

---

123. MACCHI, J.-D. *Israël et ses tribus selon Genèse 49.* Friburgo: Fribourg Presses Universitaires, 1999, p. 119-128.

124. FINKELSTEIN, I. The Rise of Jerusalem and Judah: The Missing Link. *Levant*, n. 33, p. 105-115, 2001. • FANTALKIN, A.; FINKELSTEIN, I. The Sheshonq I Campaign and the 8th Century Earthquake: More on the Archaeology and History of the South in the Iron I-Iron IIA. *Tel Aviv*, n. 33, p. 18-42, 2006. • SERGI, O. Judah's Expansion in Historical Context. *Tel Aviv*, n. 40, p. 226-246, 2013.

125. JAMIESON-DRAKE, D.W. *Scribes and Schools in Monarchic Judah.* Sheffield: Almond Press, 1991. • FINKELSTEIN, I. The Settlement History of Jerusalem in the Eighth and Seventh Centuries BCE. *Revue Biblique*, n. 115, p. 499-515, 2008. • FINKELSTEIN, I.; SILBERMAN, N.A. Temple and Dynasty: Hezekiah, the Remaking of Judah and the Rise of the Pan-Israelite Ideology. *Journal for the Study of the Old Testament*, n. 30, p. 259-285, 2006.

maior parte do período no qual os dois reinos hebreus existiram lado a lado[126].

Os relatos sobre Abraão e Jacó estão "em correspondência" um com o outro, de modo que para compreender as tradições ligadas a Abraão não devemos começar apresentando algumas palavras sobre o estrato antigo do ciclo de Jacó. Nós não iremos nos deter longamente sobre a questão de sua adição ao ciclo de Abraão (uma competente abordagem dessa questão é elaborada por M. Köckert[127]).

## O ciclo de Jacó, o mais antigo relato patriarcal no Livro de Gênesis

Se Os 12 data do século VII[128], nós temos, já nessa época, claras alusões aos principais episódios do ciclo de Jacó, tal qual os conhecemos no Livro do Gênesis: o nascimento e o conflito entre os irmãos (Gn 25,24-26); a luta com Deus (El) ou seu anjo[129] (Gn 32,23-32); o encontro em Betel (Gn 28,10-22); o enriquecimento de Jacó

---

126. Para uma visão global, cf. FINKELSTEIN, I. *Le Royaume biblique oublié.* Paris: Odile Jacob, 2013.

127. KÖCKERT, M. Wie wurden Abraham und Jakobüberlieferung zu einer "Vätergeschichte" verbunden? *Hebrew Bible and Ancient Israel*, n. 3, p. 43-66, 2014.

128. PURY, A. The Jacob Story and the Beginning of the Formation of the Pentateuch. In: DOZEMAN, T.B.; SCHMID, K. (orgs.). *A Farewell to the Yahwist?* – The Composition of the Pentateuch in Recent European Interpretation. Atlanta: Society of Biblical Literature, 2006, p. 51-72. • BLUM, E. Hosea 12 und die Pentateuchuberlieferungen. In: HAGEDORN, A.C.; PFEIFFER, H. (orgs.). *Die Erzväter in der biblischen Tradition* – Festschrift für Matthias Köckert. Berlim: De Gruyter, 2009, p. 291-321. Cf. tb. PFEIFFER, H. *Das Heiligtum von Bethel im Spiegel des Hoseabuches.* Gottingen: Vandenhoeck & Ruprecht, 1999. • RUDNIG-ZELT, S. *Hoseastudien* – Redaktionskritische Untersuchungen zur Genese des Hoseabuches. Gottingen: Vandenhoeck & Ruprecht, 2006. • BOS, J.M. *Reconsidering the Date and Provenance of the Book of Hosea*: The Case for Persian Period Yehud. Nova York: Bloomsbury, 2013. Todos esses especialistas propõem uma data mais tardia. Aqui, novamente, a argumentação parece circular: pelo fato de os textos do Pentateuco serem "tardios", toda alusão a eles deverá ser igualmente tardia. Mas mesmo que Os 12 seja o resultado de interversões redacionais, eles podem, no entanto, conter materiais antigos.

129. As análises da crítica textual sugerem um *'el* original.

(Gn 30,25-42); a fuga para Aram (Gn 31,1-22) e o serviço em troca de uma esposa (Gn 27,15-30). É interessante notar que, à exceção da alusão a seu irmão anônimo, todos os outros elementos mencionados em Os 12 são ligados ao relato sobre Jacó e Labão. Esse relato, na sua forma pré-P pode muito provavelmente ter vindo à luz no século VIII a.C.[130] Nessa época Harã era a capital ocidental do Império Assírio e o relato sobre a permanência de Jacó nessa cidade poderia ter sido elaborado a fim de indicar aos ouvintes como se comportar inteligentemente em relação aos assírios, que são descritos como "arameus". De fato, existem indícios de uma simbiose entre arameus e assírios e da penetração de arameus em todos os níveis da sociedade assíria. Isso é atestado pelo fato de que o aramaico se tornou uma língua oficial e era largamente utilizada nos escritos[131]. Uma outra possibilidade, talvez até preferível, seria considerar as três referências a Harã (Gn 27,43; 28,10; 29,4) como inserções tardias que datariam de um período de prosperidade no século VI. O relato original, da Idade do Ferro, se referiria, então, a Aram, na fronteira de Israel. Essa tese poderia ser fortalecida pelo fato de Os 12 mencionar Aram e não Harã.

Por trás desse relato do século VIII sobre Jacó e Labão é possível distinguir uma tradição mais antiga, provavelmente pré-monárquica. Pode-se facilmente observar que a conclusão de um tratado entre Jacó e Labão em Gn 31,45-54 sugere que as fronteiras estabelecidas entre eles situavam-se nas áreas de pastagens ao nordeste da região israelita de Galaad[132]; é lá que se encontra a "terra de Ke-

---

130. KNAUF, E.A. Towards an Archaeology of the Hexateuch. In: GERTZ, J.C.; SCHMID, K.; WITTE, M. (orgs.). *Abschied vom Jahwisten* – Die Komposition des Hexateuch in der jüngsten Diskussion. Berlim: De Gruyter, 2002, p. 275-294.

131. MILLARD, A.R. Assyrians and Arameans. *Iraq*, n. 45, p. 101-108, 1983.

132. EISSFELDT, O. Das Alte Testament im Licht der safatenischen Inschriften. *Zeitschrift der Deutschen morgenländischen Gesellschaft*, n. 104, p. 88-118, 1954. Sobre o território israelita de Galaad incluindo a localização de Masfa, cf. FINKELSTEIN, I.; KOCH, I.; LIPSCHITS, O. The Biblical Gilead: Observations on

dem", ou seja, a terra do povo do leste. Isso indica que as origens das tradições sobre Jacó se encontram em Galaad. Essa localização oferece uma espécie de *terminus ante quem*, porque sugere um período anterior ao da expansão de Israel em direção aos vales do Norte e à Galileia, territórios que não são mencionados no ciclo de Jacó e que foram gradualmente incorporados ao reino do Norte, a partir do final de século X[133]. Essa antiga tradição sobre Jacó, na qual ele não é ainda o antepassado de Israel, pode ter surgido em Galaad, e, mais tarde, já no século VIII sob Jeroboão II, pode ter sido relida em Efraim. Sob o reino de Jeroboão II, a tradição sobre Jacó pode ter sido promovida como um mito de todo o Israel, o reino do Norte, cujo alcance ultrapassava a dimensão local. A promoção de santuários como os de Betel e Fanuel também poderia ter relação com a tentativa da administração real de Jeroboão II de legitimar esses dois locais através da figura de Jacó, identificado como antepassado de Israel?

É difícil responder à questão sobre se ambos os relatos, sobre Jacó e Esaú, compõem a redação do século VIII. A primeira ideia seria dizer que um conflito com Edom adequa-se melhor a um contexto relativo a Judá e, portanto, que essa parte do relato reflete já a consciência de um Israel "teológico", centrado em torno de Judá. No entanto, parece ter havido uma relação mais antiga entre o Norte (Israel) e Edom, como parece atestar uma pintura em Kuntillet Ajrud que menciona, ao mesmo tempo, um YHWH da Samaria e um YHWH de Temã (o Sul) que compreende Edom[134].

A primeira compilação do antigo relato sobre Jacó foi, aparentemente, realizada na primeira metade do século VIII, provavel-

---

Identifications, Geographic Divisions and Territorial History. *Ugarit-Forschungen*, n. 43, p. 131-159, 2012.

133. FINKELSTEIN, I. Stages in the Territorial Expansion of the Northern Kingdom. *Vetus Testamentum*, n. 61, p. 227-242, 2011.

134. Nós retomamos essa questão no capítulo 4 desta obra: "Observações sobre os contextos históricos da história de Jacó em Gênesis".

mente em Betel. Esse relato chegou a Judá depois de 722 a.C. e foi retomado pelos redatores da tradição ligada a Abraão, que arranjaram os relatos sobre Abraão (e de Isaac) com a epopeia do antepassado do Norte.

## O núcleo primitivo das tradições sobre Abraão no Sul

Conforme mencionamos anteriormente, no Sul, as dinâmicas de ocupação do território se intensificam a partir do final do Ferro IIA (provavelmente no decorrer da fase tardia, na segunda metade do século IX)[135]. Assim como para o caso de Betel, também para as colinas de Efraim e Fanuel em Galaad é razoável afirmar que essa população do Sul tinha ao menos um santuário central e mantinha relatos sobre antepassados epônimos. Se, no Norte, as tradições de Jacó surgiram relativamente cedo na Idade do Ferro e foram colocadas por escrito no início do século VIII, é difícil imaginar que não tenham existido tradições concorrentes no Sul, durante os poucos séculos nos quais os dois reinos hebreus existiram lado a lado, e depois da queda de Israel. Em outros termos, é impensável que o Sul, cuja demografia se intensificou no Ferro IIB, não tenha desenvolvido uma ou mais tradições sobre seus antepassados epônimos. É igualmente lógico, no plano histórico, imaginar que uma fusão dos relatos sobre Jacó e Abraão (depois de 722 a.C., mas antes de 586 a.C.) tenha se dado na linha da ideologia "pan-israelita", que pode ter surgido sob o reinado de Josias.

Seria igualmente lógico considerar que a tradição original concernente a Abraão[136] tenha surgido a partir de um santuário no car-

---

135. FINKELSTEIN, I. The Rise of Jerusalem and Judah. Op. cit. • FANTALKIN, A.; FINKELSTEIN, I. The Sheshonq I Campaign; SERGI, Judah's Expansion in Historical Context. Op. cit.

136. Por conveniência nós utilizamos o nome "Abraão". A história bíblica apresenta esse antepassado sob o nome de "Abrão" (que é um nome semita conhecido), mudado para "Abraão" em Gn 17, nos textos P – uma construção teológica do autor de P. A transformação do nome do antepassado pode estar em relação com a

valho sagrado de Mambré (os textos massoréticos em Gn 13,18; 14,13; 18,1 utilizam o plural, a fim de minimizar o aspecto cultual dessa árvore sagrada; a Septuaginta mantém o singular e reflete a terminologia original). Originalmente, Mambré pode ter sido um lugar sagrado ligado a uma árvore e/ou a um bosque sagrado situado próximo a Hebron, no coração das montanhas da Judeia. Não é possível determinar sua localização exata[137]. É também bastante plausível que, desde o período monárquico, tenha existido uma tradição sobre a tumba de Abraão na região de Hebron, sobretudo se se considera que um "lugar de memória", que tenha relação com um antepassado, é, em muitos casos, um santuário ligado à sua tumba. A identificação com Macpela *'ašer 'al penê Mamrê*[138] ("que está diante de Mambré"; Gn 23,17.19; 25,9; 49,30; 50,13) é uma invenção tardia que aparece somente nos textos do código sacerdotal (P) ou pós-P, datado no Período Persa. A origem desse conceito poderia ter relação com a situação geopolítica do Período Persa: o lugar original de culto (e provavelmente a tumba venerada) não fazia mais parte da província de Yehud (ainda que localizado a uma distância muito curta), uma tradição de Macpela "diante de Mambré" se desenvolveu nos círculos sacerdotais. Segundo P, teria havido um Mambré em algum lugar próximo a Hebron e uma tumba em Macpela, pouco mais ao norte. P talvez pretendesse "substituir" o lugar de culto pela tumba e "dessacralizar" a tradição de Mambré, conforme sugere Van Seters[139]. Mais tarde, Herodes construiu dois monumentos, um para a tumba e outro para o santuário, esse último,

---

figura real de Abraão em Gn 17 (um rei geralmente tinha dois nomes) ou uma intenção de colocar esse antepassado do Sul em paralelo com Jacó, cujo relato contém, esse sim, uma mudança de nome.

137. É interessante observar que Absalão, segundo 2Sm 15,7, visita um lugar de culto em Hebron. Seria esse o mesmo lugar sagrado ligado à figura de Abraão?

138. O que provavelmente deva ser traduzido por "Macpela com vista sobre Mambré".

139. VAN SETERS, J. *Abraham in History and Tradition,* p. 293-295. Op. cit.

provavelmente em benefício da população idumeia, não-judia. A localização original de Mambré pode ter sido esquecida[140], portanto, sua identificação com Ramet el-Halil é tardia, e provavelmente não aparece antes da época de Herodes o Grande[141]. Em resumo, havia uma tradição antiga do Sul a respeito de Abraão, seu santuário e sua sepultura, mas essa tradição foi radicalmente transformada no Período Persa.

Se quisermos reunir critérios que permitam datar os relatos sobre Abraão, é útil analisar os textos que se referem aos patriarcas fora do Pentateuco[142]. Abraão é mencionado em Ez 33,23-29 que contém uma *disputatio* contra aqueles que permaneceram (em Jerusalém?), que não foram exilados, e reclamavam a posse da terra. Ele começa com a citação de uma reivindicação da população: "Então a palavra de YHWH me foi dirigida nestes termos: filho do homem, os que moram naquelas ruínas (ישבי החרבות), sobre a terra de Israel, andam dizendo: Abraão era um só (אחד) e ganhou a posse desse país (וירש את־הארץ). Mas nós que somos numerosos! É a nós que foi entregue (לנו נתנה) o país em herança (למורשה)" (v. 23-24). Esses versos levantam três pontos. Inicialmente, a referência a Abraão indica que ele era um personagem conhecido, e isto comprova claramente que as tradições mais antigas sobre Abraão não foram uma invenção do Período Babilônico, mas que elas deveriam remontar à

---

140. Com frequência notou-se que Flávio Josefo parece ter ficado confuso. Em *Antiguidades* I, 186 ele explica que Abraão residiu próximo a Hebron, ao lado de um carvalho chamado ogyges. Em *A guerra dos judeus* IV, 533 ele menciona um terebinto situado a seis estádios de Hebron. Aparentemente, em *Antiguidades*, ele representa o relato bíblico, ao passo que, em *A guerra dos judeus*, ele se refere ao lugar de culto existente no seu tempo.

141. DIEBNER, B.J. "Schaut Abraham an, euren Vater" – Spekulationen über die "Haftpunkte" der Abraham-Tradition "Mamre" und "Machpela". *Dielheimer Blätter zum Alten Testament*, n. 8, p. 18-35, 1975.

142. Para mais detalhes, cf. RÖMER, T. Abraham Traditions in the Hebrew Bible outside the Book of Genesis. In: EVANS, C.A.; LOHR, J.N.; PETERSEN, D.L. (orgs.). *The Book of Genesis* – Composition, Reception, and Interpretation. Leiden: Brill, 2012, p. 159-180.

Idade do Ferro. Em seguida, Abraão é apresentado como אחד, "só". Esse adjetivo se opõe ao adjetivo רבים, "numeroso". É interessante notar que a ligação com Jacó em relação ao dom da terra[143] (Ez 37,25 e 28,25) é aparentemente sem importância ou até mesmo desconhecida[144]. Enfim, o texto informa que Abraão possuiu ou tomou posse da terra, o que indica que aquilo que é dito pelos "que moram naquelas ruínas" está calcado sobre uma tradição sobre Abraão, que relata como o patriarca possuiu a terra. É interessante observar que não se faz menção a um dom divino ou à promessa da terra, tampouco de uma origem mesopotâmica do patriarca. Abraão aparece como uma figura autóctone.

O que é dito sobre Abraão e sua posse da terra, citado em Ez 33,24, parece pressuposto pelo autor de Is 51,1-3: "Ouvi-me, vós, que estais à procura da justiça, vós, que buscais a YHWH. Olhai para a rocha da qual fostes talhados, para a cova[145] de que fostes extraídos. Olhai para Abraão, vosso pai, e para Sara, aquela que vos deu à luz. Ele estava só (אחד) quando o chamei (קראתיו), mas eu o abençoei (ואברכהו)[146] e o multipliquei (וארבהו). Ouvi, YHWH conso-

---

143. RÖMER, T. *Israels Väter – Untersuchungen zur Väterthematik im Deuteronomium und in der deuteronomistischen Tradition.* Friburgo: Universitätsverlag, 1990, p. 506-513.

144. Ez 33,28 menciona os "montes de Israel"; mas, nesse caso, Israel significa Judá.

145. בור (ausente na Syr.) pode ser uma glosa para explicar o hapax מקבת, cuja sonoridade remete a Macpela.

146. Para a vocalização do texto massorético tal como pronunciado no passado em diferentes versões, cf. GOLDINGAY, J.; PAYNE, D.F. *A Critical and Exegetical Commentary on Isaiah 40-55.* Londres: T&T Clark, 2006, v. II, p. 224. Em 1QEs lê-se "Eu faço isso / faço frutificar" (ופרהו), que convém perfeitamente ao contexto. Os dois termos פרה e רכה aparecem de modo particular nos textos P ou nos textos mais tardios de Gn e Ex 1,7; Lv 26,9 (no hiphil, somente em Gn 17,20; 28,3; 48,4; Lv 26,9). É difícil determinar se esse é o texto original. É possível argumentar que o TM alterou o texto a fim de torná-lo coerente com Gn 12,2. Por outro lado, a leitura do texto de Qumran também pode ser considerada como uma tentativa de aparelhar o texto a uma expressão padrão de Gênesis (cf. KUTSCHER, E.Y. *The Language and Linguistic Background of the Isaiah Scroll.* Leiden: Brill, 1974, p.

lou Sião, consolou todas as suas ruínas (כל־חרבתיה); ele transformará seu deserto em Éden e suas estepes em jardim de YHWH..." A data exata de Is 51,1-3 é difícil de determinar. O que fica claro, no entanto, é que a evocação de Sara e Abraão parece pressupor e "corrigir" a passagem de Ez 33,23-29. Is 51,2 atesta que o tema da descendência é uma faceta importante da tradição sobre Abraão, provavelmente já desde suas origens. Consequentemente, a melhor solução é considerar Is 51,2 como uma alusão a esse tema, que não necessariamente repousa sobre um texto do relato de Gênesis, como afirma Köckert[147]. Essa solução também é confirmada pelo versículo um tanto quanto estranho de Is 51,1. "Olhai para a rocha da qual fostes talhados, para a cova da qual fostes extraídos", que não encontra paralelo em Gênesis. Com frequência indica-se que essa metáfora a respeito de Abraão (e Sara) reflete uma concepção arcaica segundo a qual os personagens nasceram da terra ou das pedras[148]. Essa explicação sustenta a ideia de que Abraão é, originalmente, uma figura autóctone. A metáfora da rocha, no entanto, é muitas vezes aplicada em relação a YHWH (cf. esp. Dt 32,18) que também poderia ser identificada com a rocha de Is 51,1.

Os dois textos, de Ez 33 e Is 51, apresentam os dois principais temas do ciclo de Abraão em Gênesis: a terra e a descendência. Provavelmente, nenhum dos dois se fundamenta sobre os textos específicos de Gn 12–26, de tal modo que se constituem como as menções mais antigas a Abraão fora do Livro do Gênesis. Isso contribui, então, para fundamentar a tese de que as mais antigas tradições sobre Abraão surgiram na Idade do Ferro e contêm a história de um herói autóctone.

---

275-276). פרה no hiphil é utilizada em relação a Abraão (e Ismael) no texto sacerdotal de Gn 17,6 e 20.

147. KÖCKERT, M. Die Geschichte der Abrahamuberlieferung. In: LEMAIRE, A. (org.). *Congress Volume Leiden 2004*. Leiden: Brill, 2006, p. 103-128, 110.

148. FOHRER, G. *Jesaja 40-66 – Deuterojesaja; Tritojesaja*. Zurique: Theologischer Verlag Zürich, p. 143.

Essas observações indicam que os relatos mais antigos sobre Abraão tiveram origem no período monárquico. Essa datação poderia ser apoiada por diversos *relia* geográficos e históricos que aparecem nesses relatos.

*a) A relação entre Ló e sua descendência* – Ló e suas filhas representam os moabitas e os amalecitas. O relato indecoroso sobre o nascimento de Amon e Moab em Gn 19,30-37, assim como o fato do reconhecimento de sua relação com Abraão (Ló é sobrinho ou irmão de Abraão) fazem sentido se contextualizado na Idade do Ferro. Qual seria o interesse desse relato etiológico em um período posterior à Idade do Ferro, quando Moab e Amon já não mais existiam? Ligados ao personagem Ló estão os relatos etiológicos das cidades da planície. No final da Idade do Ferro, no reino de Judá, uma importante população habitou à margem oriental do Mar Morto, o deserto da Judeia[149], a parte oriental do Vale de Arad e o sul do Mar Morto (sobre essa última região, o forte de Ein Haṣeva, cf. abaixo). No Período Persa, por sua vez, nada havia além de uma pequena vila judaica no entorno dessa região, Ein Gedi.

*b) A menção a Gerara em duas versões do relato sobre a esposa do patriarca (Gn 20,1-2 e Gn 26,1.6.17.20.26)* – Nesses dois relatos, Abraão e Isaac se instalam no território de Abimelec, um rei filisteu apresentado de forma positiva. Em Gn 26, Isaac se instala nesse local antes do retorno a Berseba. Na pesquisa recente, os dois relatos são considerados como compilações tardias. Segundo Blum e outros pesquisadores, Gn 20 apresenta características do hebraico pós-bíblico e, por isso, deve ser considerado como um "romance da diás-

---

149. Cf., p. ex., BAR-ADON, P. *Excavations in the Judean Desert.* Jerusalém: Israel Antiquities Authority, 1989. • STAGER, L.E. *Ancient Agriculture in the Judaean Desert – A Case Study of the Buqecah Valley.* Tese de doutorado, Harvard University, 1975.

pora", do final do Período Persa[150]. Da mesma forma, é possível que Gn 26 esteja calcado sobre Gn 20 e, portanto, seja ainda mais tardio[151]. No entanto, do ponto de vista histórico, a menção a Gerara se acomoda melhor a um período mais antigo[152], pois as duas histórias parecem tratar da questão da fronteira ocidental de Judá. O relato de Gn 26 apresenta uma disputa concernente a uma terra e poços em Gerara, não distante de Siceleg "que pertence aos reis de Judá até o dia de hoje" (1Sm 27,6). Esse relato pode evocar um conflito sobre a fronteira sudoeste de Judá, no final do período monárquico. Os relatos que dizem respeito a Siceleg, bem como aqueles que evocam Gerara, parecem ter como objetivo justificar a reivindicação de Judá sobre esse território. Por isso, eles poderiam abarcar um núcleo ou uma memória do século VII a.C., que teria sido reelaborada mais tarde. A questão da posse da Sefelá Ocidental torna-se um tema que se apresenta após 701 a.C., quando Senaquerib transfere o território que pertencera a Judá para cidades filisteias. É plausível que, nos tempos de Manassés, que foi um fiel vassalo dos assírios, Judá tenha recuperado certas partes da Sefelá[153]. O relato original por detrás de Gn 20 e 26 refletiria a situação dessa época? Um contexto do século

---

150. BLUM, E. *Die Komposition der Vätergeschichte*. Neukirchen-Vluyn: Neukirchener Verlag, 1984, p. 405-410. • WÖHRLE, J. Abraham und das Leben im Ausland – Zur Intention der Ahnfrau-Erzahlung in Gen 12,10-20 und ihrer frühen inner- und außerbiblischen Rezeption. *Biblische Notizen*, n. 151, p. 23-46, 2011.

151. VAN SETERS, J. *Abraham*, p. 166-183. Op. cit.

152. Gerara é, no entanto, mencionada também em 2Cr 14,13-14 (na descrição do reino de Asa, que não tem paralelo nos livros de Reis). O autor de Crônicas pode ter tomado esse nome do Livro de Gênesis, com o qual ele estava familiarizado.

153. FINKELSTEIN, I. The Archaeology of the Days of Manasseh. In: COOGAN, M.D.; EXUM, J.C.; STAGER, L.E. (orgs.). *Scripture and Other Artifacts*: Essays on the Bible and Archaeology in Honor of Philip J. King. Louisville: Westminster John Knox, 1994, p. 169-187. • FINKELSTEIN, I.; NA'AMAN, N. The Shephelah of Judah in the Late 8th and Early 7th century BCE: An Alternative View. *Tel Aviv*, n. 31, p. 60-79, 2004. Contrariamente, cf. LIPSCHITS, O.; SERGI, O.; KOCH, I. Judahite Stamped and Incised Jar Handles: A Tool for Studying the History of Late Monarchic Judah. *Tel Aviv*, n. 38, p. 5-41, 2011.

VII também é plausível, se consideramos a possível relação entre o Rei Abimelec de Gerara em Gênesis (desconhecido em outros contextos) e Ahimilki, rei de Asdode, que pagava tributos aos assírios nos períodos de Asaradon e Assurbanipal. Enfim, os resultados das escavações em Tel Haror, muito provavelmente o sítio bíblico de Gerara, indicam que o lugar tinha uma importância particular na época, quando ela era um centro administrativo assírio fortificado, no período final da Idade do Ferro[154].

*c) A história de Ismael e Agar em Gn 16*[155] – Com base em observações mais antigas, E.A. Knauf demonstrou de maneira convincente que Ismael, em Gn 16, deveria ser considerado como um personagem com algum tipo de relação com a confederação tribal de Shumu'il, mencionada em fontes assírias que citam "os reis de Shumu'il"[156], e que, provavelmente, existiram no século VIII e, certamente, no século VII, antes de dissolver-se no século VI[157]. O relato original narra como esse Ismael/Shumu'il tornou-se filho de Abraão em Gn 16,1-2.4-8.11-13(14?) tornando-se conveniente, portanto, a um contexto do século VII. A tentativa de fazer de Ismael um filho de Abraão refletiria a expansão de Judá em direção ao Sul, no período da hegemonia assíria. Pode-se notar, por exemplo, o envolvimento de Judá e de sua população em Cades Barne,

---

154. OREN, E.D.; HAROR, T. *The New Encyclopedia of Archaeological Excavations in the Holy Land*. Jerusalém: Israel Exploration Society, 1993, vol. II, p. 583-584. O local também foi ocupado no Período Persa.

155. Gn 20,8-21 que, no contexto da hipótese documentária, é geralmente considerado o paralelo E do relato J de Gn 16, é, na verdade um *midrash* tardio de Gn 16, cujo objetivo é oferecer uma preparação para o relato da prova de Abraão em Gn 22. Cf., entre outros, KNAUF, E.A. *Ismael* – Untersuchungen zur Geschichte Palästinas und Nordarabiens im 1. Jahrtausend v. Chr. 2. ed. Wiesbaden: Harrassowitz, 1989, p. 16-25 e 140.

156. Para uma apresentação acessível desses textos, cf. RETSÖ, J. *The Arabs in Antiquity*: Their History from the Assyrians to the Umayyads. Londres: Routledge, 2003, p. 165-168.

157. KNAUF, E.A. *Ismael*. Op. cit., p. 1-16, 25-55.

desde o final do século VIII, uma dinâmica que atingiu o seu apogeu no século VII[158].

d) *A questão da relação entre as tradições sobre Abraão e seu segundo filho, Isaac* – Ao examinar os textos fora do Pentateuco, identificamos que, apenas em Am 7,9.16 e nos escritos genealógicos tardios de 1Cr 1,28.34, Isaac é mencionado independente da tríade patriarcal (YHWH, o Deus de Abraão, Isaac e Jacó/Israel etc.[159]). Em Amós 7, *Yiṣḥāq* parece representar o Sul, em oposição ou em paralelo com o Norte. Se uma ou as duas passagens (o v. 9 faz parte das visões, o v. 16 faz parte do episódio de Amasias) provêm de uma versão pré-exílica de Amós[160], então, atestariam a existência de um antepassado do Sul chamado Issac (cf. tb. a menção de Berseba) em Am 5,5 e 8,14, que era suficientemente importante para representar o Sul. Se a tradição de Isaac realmente provém do Vale de Berse-

---

158. Sobre esse sítio, cf. COHEN, R.; BERNICK-GREENBERG, H. (orgs.). *Excavations at Kadesh Barnea (Tell el-Qudeirat) 1976-1982*. Jerusalém: Israel Antiquities Authority, 2007. Sobre as inscrições hebraicas, cf. LEMAIRE, A.; VERNUS, P. Les ostraca paléohébreux de Qadesh-Barnéa. *Orientalia*, n. 49, p. 341-345, 1980. • LEMAIRE, A.; VERNUS, P. L'ostracon paléo-hébreu n. 6 de Tell Qudeirat (Qadesh-Barnéa). In: GÖRG, M. (org.). *Fontes atque pontes* – Fine Festgabe für Hellmut Brunner. Wiesbaden: Harrassowitz, 1983, p. 302-326. • COHEN, R. Inscriptions. In: *Excavations at Kadesh Barnea (Tell el-Qudeirat) 1976-1982*. In: COHEN, R.; BERNICK-GREENBERG, H. *Excavations at Kadesh Barnea*. Op. cit., p. 245-254.

159. Ex 2,24; 3,6.15.16; 4,5; 6,3.8; 32,13; 33,1; Lv 26,42; Nm 32,11; Dt 1,8; 6,10; 9,5.27; 29,12; 30,20; 34,4; Js 24,2-5; 1Rs 18,36; 2Rs 13,23; Jr 33,26 (TM); 1Cr 1,27-34; 1Cr 29.18; 2Cr 30,6; Sl 105,9-10 (= 1Cr 16,16-17).

160. Essa é a opinião de WELLHAUSEN, J. *Prolegomena to the History of Israel* – With a reprint of the article Israel from the "Encyclopaedia Britannica". Edimburgo: A. & C. Black, 1885. Cf. a reimpressão desse título em Nova York: Meridian, 1957, p. 319-320. • WOLFF, H.W. *Joel and Amos*: A Commentary on the Books of the Prophets Joel and Amos. Filadélfia: Fortress Press, 1984, p. 301-302. Com frequência, as publicações recentes propõem uma datação tardia. Cf., p. ex., PETRY, S. *Die Entgrenzung JHWHs*: Monolatrie, Bilderverbot und Monotheismus im Deuteronomium, in Deuterojesaja und im Ezechielbuch. Tübingen: Mohr Siebeck, 2007, p. 134 – uma opção que, no entanto, não conseguiu oferecer uma explicação mais adequada desse uso singular de "Isaac".

ba[161], ela deve ter surgido na Idade do Ferro, já que, após 586 a.C., a região tinha uma população pouco numerosa e estava distante de Yehud. Por isso é plausível supor que tenha havido um segundo antepassado no Sul, venerado em um santuário em Berseba.

Isaac deve ter sido apresentado como o filho de Abraão relativamente cedo. O autor da história dos visitantes divinos de Gn 18,1-15, na qual a hospitalidade de Abraão é recompensada pelo dom de um filho, faz um jogo de palavras sobre o nome "Isaac" introduzindo o tema do riso de Sara (Gn 18,12-15). Gn 18 não pressupõe que Abraão já tivesse um filho, ao contrário, todo o enredo requer um casal ou um homem sem filhos, como nos paralelos grego e romano (entre outros)[162]. Isto significa tanto que Gn 16 e Gn 18 se constituem como duas tradições diferentes concernentes a um filho de Abraão quanto que uma dessas tradições seja mais antiga (talvez Gn 18?) e que o segundo filho é um acréscimo posterior.

As tradições sobre Isaac são bastante esparsas no Livro do Genesis, limitando-se a Gn 26 (em todos os outros capítulos, ele apenas cumpre o papel de filho ou de pai). Em Gn 26, todas as tradições encontram paralelos nos relatos sobre Abraão (Gn 26,1-11//Gn 12,10-20; Gn 20,1-18; Gn 26,12-33//Gn 20,22-34). Por conseguinte, ou elas foram emprestadas de Abraão, ou, o que é mais plausível, Abraão "absorveu" (ao menos parcialmente) Isaac, dado que, em Gn 21, a localização em Berseba indica uma tradição original de Isaac[163].

---

161. NOTH, M. *A History of Pentateuchal Traditions.* Englewood Cliffs: Prentice Hall, 1972 [reimpressão: Atlanta: Scholars Press, 1981, p. 103-107].

162. Sobre esse tema, cf. RÖMER, T. Quand les dieux rendent visite aux hommes (Gn 18-19) – Abraham, Lot et la mythologie grecque et procheorientale. In: PRESCENDI, F.; VOLOKHINE, Y. (orgs.). *Dans le laboratoire de l'historien des religions* – Mélanges offerts à Philippe Borgeaud. Genebra: Labor et Fides, 2011, p. 615-626.

163. Wellhausen acreditava que, ao contrário de Isaac, Abraão era "a free creation of unconscious art. He is probably the youngest figure in the company" (Prolegomena, p. 320). Para detalhes suplementares sobre Isaac, cf. SCHMID, H. *Die Ges-*

No século VII, portanto, Abraão provavelmente já tivesse dois "filhos", Isaac, no Vale de Berseba, e Ismael, nas regiões mais ao sul. Isso pode evocar algumas realidades da época: a presença de Judá no Vale de Berseba teve seu apogeu durante e depois do século VII; uma atividade mais ao sul caracterizou também o "século assírio", quando os soldados e administradores originários de Judá estavam instalados em Cades Barne e certamente também nas fortificações assírias ao longo das rotas do comércio árabe[164]. A presença de Judá no deserto do Sul perdurará por vários decênios depois da retirada dos assírios[165].

Poderia igualmente parecer lógico acrescentar aos materiais antigos sobre Abraão a lista relacionada em Gn 14,1-11, que, por certos aspectos, conviriam bem às realidades dos séculos VIII e VII. Mas essa lista, que imita os anais e os relatos de guerra neoassírios[166], não estava relacionada ao relato sobre Abraão na sua primeira redação[167],

---

*talt des Isaak* – Ihr Verhältnis zur Abraham- und Jakobtradition. Darmstadt: Wissenschaftliche Buchgesellschaft, 1991.

164. NA'AMAN, N. An Assyrian Residence at Ramat Rahel? *Tel Aviv*, n. 28, p. 267-270, 2001.

165. Essa presença é atestada por óstracos hebraicos encontrados em Cades Barne, que convêm a uma datação de *ca.* 600 a.C. e por vários óstracos contemporâneos de Arad, que parecem fazer referência à transferência de unidades militares no deserto. Sobre o primeiro conjunto de óstracos, cf. o resumo elaborado em COHEN. Inscriptions. Sobre o segundo, cf. AHARONI, Y. *Arad Inscriptions.* Jerusalém: Israel Exploration Society, 1981, p. 15, 145.

166. VAN SETERS, J. *Abraham*, p. 299-300.

167. A lista começa por uma descrição de uma espécie de "guerra mundial". Os nomes nos versículos 5-7 podem ser explicados dentro do contexto de realidades do "século assírio". Os sítios do Sul, El-Farã = Elath, Enmishpat = Cades Barne, e Hazazon-Tamar = Ein Haṣeva, são os três postos militares dos assírios ao longo das rotas estratégicas do comércio árabe onde os soldados e administradores originários de Judá tinham sido alocados. Astarot-Carnaim era importante como capital provincial da Assíria. A ideia de uma invasão vinda do Norte também provém dos períodos Assírio e Babilônico. Esses versos têm paralelos em Dt 2,9-12 e podem ter sido emprestados. De qualquer forma, Gn 14,1-11 reflete uma espécie de exercício escriba do século VII, reutilizado quando Gn 14 foi composto (ou mais tarde, no Período Persa).

e sua vinculação com o patriarca foi estabelecida somente em estágios bastante tardios[168].

*Para resumir a discussão neste ponto,* as mais antigas tradições sobre Abraão que podemos encontrar por detrás dos relatos do Livro de Gênesis estão em Gn 13, um capítulo que está ligado a Gn 19, que é introduzido por Gn 18,1-15, um relato que prepara o nascimento de Isaac em Gn 21. Gn 16, por sua vez, reflete aquilo que talvez possa ter sido uma tradição independente a respeito de um outro filho de Abraão, que, mais tarde, foi combinado com o ciclo de Abraão-Isaac, mas que dificilmente pode ser reconstruída. Os relatos ambientados em Gerara e Berseba (Gn 20 e 26) provavelmente tinham relação com essa tradição.

O material antigo sobre Abraão representa tradições ligadas à população das terras altas do Sul nas fases tardias da Idade do Ferro e relativas a seus heróis epônimos. Essas tradições podem ter sido preservadas no santuário de Mambré, possivelmente vinculado à tumba desses heróis. Elas devem ter surgido em um período anterior ao da "costura" das tradições de Jacó com as tradições de Abraão. O *terminus a quo* dessa fusão de tradições pode ser situado, com segurança, no final do Ferro II, após 720 a.C.[169] As origens das antigas histórias sobre Abraão se estendem provavelmente por um

---

168. SCHATZ, W. *Genèse 14: une recherche* (Berna: P. Lang, 1972) oferece uma visão global da história da pesquisa. • ZIEMER, B. *Abram-Abraham* – Kompositionsgeschichtliche Untersuchungen zu Genesis 14, 15 und 17 (Berlim: De Gruyter, 2005) demonstra novamente a composição tardia de Gn 14, mas sua argumentação sobre o fato de que esse capítulo seria posterior a Gn 15 não é convincente, visto que esse último pressupõe Gn 14. Esta é a razão pela qual J.C. Gertz, que também intenta datar Gn 15 antes de Gn 14, postula, sem argumentação diacrônica, que todas as ligações de Gn 15 com Gn 14 foram acrescentadas mais tarde. Esse é, mais uma vez, um caso de raciocínio circular. Cf. GERTZ, J.C. Abraham, Mose und der Exodus. Beobachtungen zur Redaktionsgeschichte von Genesis 15. In: GERTZ, J.C.; SCHMID, K.; WITTE, M. (orgs.). *Abschied vom Jahwisten* – Die Komposition des Hexateuch in der jüngsten Diskussion. Berlim: De Gruyter, 2002, p. 63-81.

169. Para mais detalhes, cf. KÖCKERT, M. Abraham- und Jakobüberlieferung. Op. cit.

longo período, começando com a expansão demográfica nos planaltos do Sul na segunda metade do século IX e durando até o século VII a.c. Também nesse caso as tradições mais antigas não tinham sido colocadas por escrito; é mais razoável imaginar que os primeiros textos foram escritos no século VII (por volta do final desse século?), quando a alfabetização se propagou em Judá.

## A fusão das tradições do Norte e do Sul

É bastante evidente que depois de 720 a.C. o reino de Judá foi mais densamente povoado, recebendo um importante componente nortista. Em apenas poucos decênios, a população de Judá duplicou e Jerusalém passou de uma pequena vila de menos de 10 hectares para uma metrópole cobrindo 60 hectares[170]. A maior parte dos pesquisadores está de acordo sobre o fato de que as tradições nortistas chegaram ao Sul após 720. A nova situação demográfica tornou necessário o reforço da coesão dessa nação "unificada" através da criação de uma história comum que misturou tradições sulistas e nortistas. O contexto mais antigo que propiciou essa empresa foi o reino de Josias, com sua ideologia pan-israelita sobre o território e o povo. A fusão dessas tradições é uma realidade que esteve presente desde o início de suas formas escritas, já que se tratou de uma iniciativa deliberada para propor uma nova história dos patriarcas, "oficial" e global, enquanto as tradições orais normalmente não são "inventadas". Além disso, em Judá, os anos posteriores a 720 a.C. e

---

170. BROSHI, M. The Expansion of Jerusalem in the Reigns of Hezekiah and Manasseh. *Israel Exploration Journal*, n. 24, p. 21-26, 1974. • REICH, R.; SHUKRON, E. The Urban Development of Jerusalem in the Late Eight Century B.C.E. In: VAUGHN, A.G.; KILLEBREW, A.E. (orgs.). *Jerusalem in Bible and Archaeology*: The First Temple Period. Atlanta: Society of Biblical Literature, 2003, p. 209-218. • GEVA, H. Western Jerusalem at the End of the First Temple Period in Light of the Excavations in the Jewish Quarter. In: VAUGHN, A.G.; KILLEBREW, A.E. (orgs.). *Jerusalem in Bible and Archaeology*. Op. cit. p. 183-208. • FINKELSTEIN, I.; SILBERMAN, N.A. Temple and Dynasty. Op. cit.

de modo particular o final do século VII e o século VI, foram caracterizados pelo uso extensivo da escrita na administração e comunicação[171].

Nessa história unificada, a realidade dos fatos foi invertida: Judá (Abraão e Isaac) exerceu a primazia na tradição patriarcal e Jacó foi colocado por último. O objetivo dessa inversão foi submeter as histórias de Jacó à história de Abraão, o que significa, em essência, subordinar Israel (que já não existia) a Judá. Essa fusão das tradições não foi operada somente em uma única etapa, mas foi um longo processo que se iniciou provavelmente no século VII e continuou até o Período Persa. De um ponto de vista literário, essa unificação foi efetuada por diferentes redatores com diferentes estratégias: uma delas, por exemplo, foi reiterar para cada um dos três patriarcas as promessas divinas da terra e da descendência[172].

Muitas vezes se observou que no relato unificado as tradições sulistas "reagiram" às tradições nortistas. Em Gn 12,5-9, Abraão também parte em direção a Betel e Siquém. Ele partiu de Judá para dominar toda a região dos planaltos e reivindicá-la para a monarquia de Judá ou para sua população[173]. A questão que se impõe é a de saber qual contexto melhor convém a esse destaque dado a Betel em Gn 12,8. Atualmente, essa passagem é com frequência considerada como "exílica" ou posterior ao exílio[174], mas nessa época esse

---

171. JAMIESON-DRAKE, D.W. *Scribes and Schools in Monarchic Judah*. Op. cit.

172. KESSLER, R. *Die Querverweise im Pentateuch* – Überlieferungsgeschichtliche Untersuchungen der expliziten Querverbindungen innerhalb des vorpriesterlichen Pentateuchs. Tese de doutorado, Universidade de Heidelberg, 1972. • RENDTORFF, R. *Das überlieferungsgeschichtliche Problem des Pentateuch*. Berlim: de Gruyter, 1976. Cf. a tradução inglesa: *The Problem of the Process of Transmission in the Pentateuch*. Sheffield: Jsot Press, 1990. • KÖCKERT, *Vätergott und Väterverheissungen*. Op. cit.

173. A visita de Jacó a Mambré (Gn 35,27) provavelmente faz parte dessa mesma estratégia: reforçar os paralelos entre os dois antepassados e afirmar a superioridade de Judá sobre Israel.

174. P. ex., BLUM. E. *Vätergeschichte*. Op. cit., p. 462.

sítio estava inabitado ou apenas parcialmente ocupado[175]. É interessante notar que Abraão não tem vínculo com Fanuel (ao contrário de Betel), pois a fusão das tradições se deu em um momento em que Fanuel não tinha mais qualquer relevância, o que só passaria a ter novamente na época asmoneia, uma vez que Galaad fora perdida em decorrência das ofensivas de Rezim de Damasco, na segunda metade do século VIII[176].

Em Gn 12, os altares construídos por Abraão são "próximos" a Betel e Siquém. Essa localização poderia ser uma estratégia que busca mostrar que antes mesmo da centralização do culto no templo de Jerusalém o venerável patriarca não cumpria rituais nos lugares "ilegítimos" e, sobretudo, em Betel, local execrado pela ideologia deuteronomista. E, curiosamente, nesses lugares, Abraão "invoca o nome de YHWH", mas não oferece sacrifícios. O único lugar em que ele oferece sacrifício animal é Moriá, em Gn 22, cujo nome é uma alusão a Sião ou a Jerusalém. Esses textos pressupõem claramente o conceito deuteronomista de centralização do culto e, consequentemente, devem ter aparecido no mínimo no período exílico ou pós-exílico.

Para concluir, todos os textos fora do Livro do Gênesis que mencionam os três patriarcas são resumos teológicos tardios, que datam do Período Babilônico ou do Período Persa[177]. Isso não é

---

175. FINKELSTEIN, I.; SINGER-AVITZ, L. Reevaluating Bethel. *Zeitschrift des Deutschen Palastina-Vereins*, n. 125, p. 33-48, 2009. O fato de que em Gn 12,8 Abraão não vai diretamente a Betel, mas chegue apenas "próximo" a Betel, ao contrário de Jacó, pode ser explicado pelo contexto da ideologia deuteronomista da centralização do culto e pelo "caráter ímpio" de Betel nas redações (dtr.) do Livro de Oseias. BLENKINSOPP, J. Bethel in the Neo-Babylonian Period (In: LIPSCHITS, O.; BLENKINSOPP, J. (orgs.). *Judah and the Judeans in the Neo-Babylonian Period.* Winona Lake: Eisenbrauns, 2003, p. 93-107) sustentou que Betel exerceu um papel mais importante durante o Período Babilônico. Sob a ótica dos trabalhos arqueológicos essa proposição se torna um tanto quanto problemática.

176. NA'AMAN, N. Rezin of Damascus and the Land of Gilead. *Zeitschrift des Deutschen Palastina-Vereins*, n. 111, p. 105-117, 1995.

177. Cf. TOURNAY, R.J. Genese de la triade "Abraham-Isaac-Jacob". *Revue Biblique*, n. 103, p. 321-336, 1996.

surpreendente, dado que nessa época (e até mesmo na época helenista) floresceram as revisões da história dos patriarcas.

## Abraão nos períodos exílico e pós-exílico

Os contornos da mais antiga tradição relativa a Abraão permanecem difíceis de estabelecer. Os relatos mais antigos deveriam provavelmente ser associados aos temas da terra (e dos vizinhos) e do nascimento de um ou de dois filhos (Gn 13; 16; 18-19; 21,1-4)[178]. A reconstrução das edições e das adições ao relato sobre Abraão nos períodos Babilônico e Persa repousa sobre fundamentos estáveis:

a) Gn 12,10-20 reflete, possivelmente, o contexto da época do exílio. Segundo esse relato, Abraão desceu ao Egito e aí compreendeu que esse lugar não era adequado para ele. Isso pode evocar uma discussão que esteve em curso no Período Babilônico sobre a temática de um "exílio egípcio". De modo bastante peculiar, esse mesmo assunto aparece em Jr 42–44 (cf. esp. 43,2) e em Jr 32 (a descrição da aquisição de um campo em Anatot), duas passagens que insistem sobre a necessidade de permanecer em suas terras, assim como se faz em Gn 12,10-20. Esse último texto, que tem vários paralelos em Gn 16, foi provavelmente acrescentado ao relato sobre Abraão e composto como uma espécie de prólogo a este[179] com o objetivo de instruir aos ouvintes a que permanecessem no país.

---

178. É importante notar que essa reconstrução reúne resultados similares àqueles de vários estudos literários sobre o ciclo de Abraão: FISCHER, I. *Die Erzeltern Israels. Feministisch-theologische Studien zu Genesis 12-36.* Berlim: De Gruyter, 1994. • GOSSE, B. *Structuration des grands ensembles bibliques et intertextualité à l'époque perse.* Berlim: De Gruyter, 1997, p. 93. O fato de que diferentes abordagens cheguem a conclusões similares corrobora fortemente em favor da validade da hipótese.

179. Os paralelos entre Gn 12,10-20 e Gn 16 já foram observados reiteradas vezes. Cf., p. ex., RÖMER, T. The Exodus in the Book of Genesis. *Svensk Exegetisk Årsbok*, n. 75, p. 1-20, 2010.

b) No início do Período Persa, aparentemente o autor do Código Sacerdotal (P) ofereceu uma nova versão das tradições sobre Abraão e das tradições sobre Jacó. O fato de dar importância a Harã no início da genealogia parece concordar com a prosperidade e a importância desse lugar no século VI. O fato de que a família de Abraão tenha vindo da Babilônia e tenha residido um período em Harã pode constituir-se como um convite àqueles que nasceram no "exílio" a retornar ao seu país. O redator P é o primeiro a atribuir uma origem mesopotâmica a Abraão, a fim de tornar possível para a *Golah*[180] uma identificação com esse antepassado. Há um consenso relativo sobre o entendimento do texto P em Gn 12–26[181] que, no que concerne a Abraão, corresponde principalmente aos capítulos 17 e 25, nos quais o patriarca é apresentado com uma espécie de "antepassado ecumênico"[182]. Em Gn 17, Abraão recebe a circuncisão como um sinal da aliança com YHWH, um dado que faz sentido no contexto de diáspora e não na época pré-exílica quando, à exceção dos filisteus, todos os povos praticavam a circuncisão.

O Código Sacerdotal (P) demonstra interesse pela integração de Ismael nessa aliança e por sua boa relação com Isaac (mesmo quando eles estão separados, eles se reúnem para sepultar seu pai). Para P, os "ismaelitas" estavam em contato com os habitantes de Judá;

---

180. *Golah* é a expressão hebraica para referir-se ao grupo de judeus exilados na Babilônia, agora libertos por Ciro, rei dos persas, mas que retornam para Jerusalém. • Cf., p. ex., LIVERANI, M. *Oltre la Bibbia:* storia antica di Israele. Bari: Lautence, 2003, p. 234 [N.T.].

181. Cf., p. ex., a lista em JENSON, P.P. *Graded Holiness* – A Key to the Priestly Conception of the World (Sheffield; JSOT Press, 1992, p. 220-221), que apresenta uma sinopse das atribuições de Holzinger, Noth, Elliger, Lohfink et Weimar, demonstrando uma importante similitude a respeito do material sobre Abraão.

182. PURY, A. Abraham: The Priestly Writer's "Ecumenical" Ancestor. In: McKENZIE, S.L.; RÖMER, T. (orgs.). *Rethinking the Foundations: Historiography in the Ancient World and in the Bible* – Essays *in Honour of John Van Seters.* Berlim: De Gruyter, 2000, p. 163-181.

por isto, os autores do Código Sacerdotal buscaram sublinhar a integração entre a Idumeia e o Sul (de um ponto de vista territorial e teológico) na descendência de Abraão.

Conforme mencionamos anteriormente, P demonstra interesse por Macpela (mesmo que lançando mão de adaptações), onde, segundo ele, os patriarcas foram sepultados. A história da aquisição de Macpela em Gn 23 e as observações sobre o sepultamento dos patriarcas tem por objetivo reforçar a ligação com Hebron, que então estava fora de Yehud (a fronteira sul se encontrava em Beth--Zur)[183]. Ao citar o sepultamento dos patriarcas, o autor de P (ou pós-P) de Gn 23[184] reflete provavelmente o conhecimento que sua época tinha do passado. É também plausível que, para ilustrar o laço familiar dos patriarcas, a sepultura de Jacó tenha sido "transferida" de Siquém para Hebron. Curiosamente, no Novo Testamento, os Atos dos Apóstolos parecem ainda pressupor uma ligação com Siquém, situando a sepultura de Abraão em uma terra adquirida por ele nesse endereço (At 7,16).

c) A história do sacrifício de Gn 22 e seu prólogo em 21,9-21 que explica por que Abraão, no início de Gn 22, tem apenas um filho, foram provavelmente escritos no Período Persa[185]. Na ausência

---

183. PURY, A. Le tombeau des Abrahamides d'Héron et sa function au début de l'époque perse. *Transeuphratène*, n. 30, p. 183-184, 2005.

184. Tradicionalmente Gn 23 é considerado como texto P. No entanto, algumas publicações recentes o consideram como pós-P. Cf. BLENKINSOPP, J. Abraham as Paradigm in the Priestly History in Genesis. *Journal of Biblical Literature*, n. 128, p. 225-241, 2009, com bons argumentos para a atribuição de Gn 23 à P.

185. VEIJOLA, T. Das Opfer des Abraham – Paradigma des Glaubens aus dem nachexilischen Zeitalter. *Zeitschrift für Theologie und Kirche*, n. 85, p. 129-164,1988. • SCHMID, K. Die Rückgabe der Verheißungsgabe – Der, heilsgeschichtliche Sinn von Gen 22 im Horizont innerbiblischer Exegese. In: WITTE, M. (org.). *Gott und Mensch im Dialog* – Festschrift für Otto Kaiser zum 80. Geburtstag. Berlim: De Gruyter, 2004, p. 271-300. • RÖMER, T. Abraham's Righteousness and Sacrifice: How to Understand (and Translate) Genesis 15 and 22. *Communio Viatorum*, n. 54, p. 3-15, 2012.

de personagens como Davi no poder, Abraão se torna, então, uma figura real (assim como em Gn 12,1-4a que apresenta numerosos paralelos linguísticos e temáticos com Gn 22, como tem sido frequentemente observado). Essa figura também é colocada em relação com Jerusalém e seu templo[186]. Uma outra ligação entre Abraão e Jerusalém aparece em Gn 14, onde ele paga o dízimo ao rei de "Salém", embora o encontro entre Abraão e Melquisedec seja provavelmente uma inserção. Na sua forma original, a história destaca o estatuto real de Abraão, e Gn 14 (sem o episódio de Mequisedec) é pressuposto por Gn 15[187].

d) A história de Abraão enviando seu servidor para procurar uma esposa para Isaac em Aram-Naharayim, um termo tardio para designar a Mesopotâmia[188], tem um estilo muito diferente dos outros relatos sobre Abraão além de um vocabulário coerente, no mínimo, com o Período Persa[189] ou, talvez até mesmo, com o Período Helenístico. Esse relato não carrega o tom "vingativo" dos textos do Deuteronômio, ou de Esdras e Neemias. Ele está menos preocupado com as "mulheres estrangeiras" do que com o fato de que os membros da *Golah* babilônica contraíssem ma-

---

186. A identificação de Moriá com o Monte do Templo é estabelecida em 2Cr 3,1, mas Gn 22 já parece pressupor essa identificação quando emprega o termo *maqôm* que, à luz de Dt 12, pode facilmente ser compreendido como uma referência ao tempo jerosolimitano.

187. Cf. Gn 15,1: a promessa de um espólio feita por YHWH retoma claramente a vitória militar em Gn 14. O nome "Damasco", na história dos patriarcas, aparece somente em Gn 14,15 e 15,2. O nome do servidor de Abraão, Eliezer, corresponde, segundo a gematria, ao número 318, que equivale ao número de servidores de Abraão em Gn 14.

188. Na Bíblia Hebraica, essa expressão aparece somente em Gn 24,10; Dt 23,4; Jz 3,8; Sl 60,2; 1Cr 19,6.

189. ROFÉ, A. An Inquiry into the Betrothal of Rebeka. In: BLUM, E.; MACHOLZ, C.; STEGEMANN, E.W. (orgs.). *Die Hebräische Bibel und ihre zweifache Nachgeschichte* – FS R. Rendtorff. Neukirchen-Vluyn: Neukirchener Verlag, 1990, p. 27-39.

trimônio unicamente no interior das famílias dessa mesma comunidade.

e) Por fim, Gn 15 pode facilmente ser considerado como um dos textos mais tardios do ciclo de Abraão[190]. Esse capítulo oferece uma espécie de resumo e apresenta Abraão não somente como o primeiro patriarca, mas também como o primeiro rei, o primeiro profeta e até mesmo como um proto-Moisés, uma vez que ele recebe, nesse texto, a revelação do nome divino.

## Adições e revisões do Período Helenístico

Em que momento o ciclo de Abraão foi concluído? Ou, propondo a questão de outra forma, é possível conceber que o último trabalho editorial do relato sobre Abraão ocorreu no Período Asmoneu? Com frequência se observou que o episódio de Melquisedec pode ser compreendido em um contexto asmoneu. A única outra referência a Melquisedec na Bíblia se encontra no Sl 110, um salmo colocado com frequência em relação com os asmoneus. E sua descrição como "sacerdote de El Elion", em Gn 14, encontra seu melhor paralelo na época dos macabeus, quando os asmoneus assumiram o título de "grandes sacerdotes do Deus Altíssimo" (Antiguidades XIV, 163). Isso significa que "a legenda de Melquisedec era particularmente difundida no tempo dos asmoneus"[191]; ou melhor, que ela tenha nascido naquela época? A última opção parece, de fato, a mais razoável[192].

---

190. Essa opinião é largamente compartilhada pela pesquisa europeia recente. Para mais detalhes, cf. RÖMER, T. Abraham and the "Law and the Prophets". In: CARSTENS, P.; LEMCHE, N.P. (orgs.). *The Reception and Remembrance of Abraham.* Piscataway: Gorgias, 2011, p. 103-118. A datação tardia de Gn 15 também é aceita por L. Schmidt, que defende a hipótese deuteronomista tradicional. Cf. SCHMIDT, L. Genesis XV. *Vetus Testamentum*, n. 56, p. 251-267, 2006.

191. SKINNER, J. *A Critical and Exegetical Commentary on Genesis.* Edimburgo: Scribner, 1910, p. 271.

192. Assim como para o personagem Neemias em 2Mc? Cf. Abraão em 1Mc 2,52 *vs.* Gn 15,6: é evidente que o primeiro texto pode ter sido retirado do segundo.

Gn 14 poderia, na sua forma atual, provir do Período Helenístico[193] e serviria, então, perfeitamente aos desígnios asmoneus.

Essa discussão nos leva à difícil questão da tradução da Torá para o grego, que comumente se supõe, tenha surgido ao longo do século III a.C.[194] Essa data provavelmente está correta, uma vez que as primeiras atestações de textos gregos do Pentateuco datam do século II a.C. É, portanto, difícil conceber que a primeira tradução grega tenha se baseado sobre um texto hebraico ao qual capítulos inteiros tenham sido acrescentados mais tarde. Por outro lado, é igualmente evidente que o texto hebraico traduzido ainda não fosse considerado "fixado" e "estável", e que o texto grego da Torá é o resultado de revisões ocorridas ao longo de todo o Período Asmoneu[195]. Portanto, é totalmente possível que, após uma primeira tradução para o grego, passagens breves tenham sido acrescentadas ou editadas. O episódio de Melquisedec em Gênesis é um perfeito candidato para essas inserções, ele pode ter sido acrescentado por ocasião da produção de novas cópias do rolo de Gênesis[196]. Outras revisões podem estar relacionadas à introdução de Moriá em Gn 22 e provavelmente também a reescritura de Gn 15. Para esclarecer essa questão, uma análise

---

193. SOGGIN, J.A. Abraham and the Eastern Kings: On Genesis 14. In: ZEVIT, Z.; GITIN, S.; SOKOLOFF, M. (orgs.). *Solving Riddles and Untying Knots* – Biblical Epigraphic, and Semitic Studies in Honor of Jonas C. Greenfield. Winona Lake: Eisenbrauns, 1995, p. 283-291.

194. TILLY, M. *Einführung in die Septuaginta.* Darmstadt: Wissenschaftliche Buchgesellschaft, 2005, p. 26-36. • FISCHER, A.A. *Der Text des Alten Testaments –* Neubearbeitung der Einführung in die Biblia Hebraica von Ernst Würthwein. Stuttgart: Deutsche Bibelgesellschaft, 2009, p. 118-128.

195. TILLY, M. *Einführung.* Op. cit., p. 57-58, 81-87.

196. GRANERØD, G. *Abraham and Melchizedek. Scribal Activity of Second Temple Times in Genesis 14 and Psalm 110.* Berlim: De Gruyter, 2010, p. 252. Granerød, que oferece uma interessante análise sobre Gn 14, sustenta que a primeira versão desse capítulo (sem o episódio de Melquisedec) foi desencadeada pelo *Leerstelle* após Gn 13,17 (cf. p. 93-98) ao longo do fim do Período Persa ou no início do Período Helenístico.

aprofundada desses capítulos será necessária, mas essa tarefa excederia o quadro desta obra.

## Resumo

O objetivo dessa apresentação não é oferecer uma teoria completa sobre a formação do ciclo de Abraão. No contexto da situação por vezes caótica da pesquisa sobre o Pentateuco, nós simplesmente desejamos mostrar a importância de certas *realia* tanto geográficas quanto arqueológicas que, adicionadas à análise exegética, apoiam a ideia de que as tradições sobre Abraão emergiram na Idade do Ferro; que o século VII foi um período importante para a sua colocação por escrito e que a fusão da tradição de Abraão (e de Isaac) com a tradição nortista de Jacó foi um produto do período que se seguiu à queda de Israel.

# 4
# Observações sobre os contextos históricos da história de Jacó em Gênesis

*Israel Finkelstein*
*Thomas Römer*

Se aceitamos a hipótese documentária tradicional[197], chamada nova hipótese documentária[198], ou até mesmo uma data tardia do javista (com ou sem um "elohista")[199], a história de Jacó deveria ser considerada como parte de um encadeamento narrativo mais vasto, que se inicia com a criação do mundo ou com os patriarcas e continua com a história de Moisés, até a sua morte ou até a conquista do país. Esse modelo, segundo o qual o Pentateuco ou o Hexateuco seria formado por três ou dois documentos paralelos (se excluirmos o elohista), aos quais teria sido acrescentado o Deuteronômio, foi abandonado pela maioria dos estudiosos, ao menos na Europa con-

---

197. Sobre os relatos sobre os patriarcas, cf. RUPPERT, L. *Genesis* – Ein kritischer und theologischer Kommentar, 2. Teilband: Gen 11, 26-25,18. Würzburg: Echter Verlag, 2002.

198. BADEN, J.S. *The Composition of the Pentateuch*: Renewing the Documentary Hypothesis. New Haven: Yale University Press, 2012.

199. VAN SETERS, J. *Prologue to History* – The Yahwist as Historian in Genesis. Zurique: Theologisher Verlag, 1992. • VAN SETERS, J. *The Yahwist*: A Historian of Israelite Origins. Winona Lake: Eisenbrauns, 2013.

tinental. Já em 1976, Rendtorff[200] sustentou que os patriarcas constituíam uma unidade narrativa independente que foi costurada com outros temas do Pentateuco apenas num estado tardio. Sobre a história de Abraão, Isaac e Jacó, pode-se observar que os três patriarcas foram relacionados de maneira secundária, em particular através do tema das promessas divinas, bem como através do fato de que YHWH se apresentou a Isaac como o "Deus de teu pai Abraão" e a Jacó como o "Deus de teu pai Isaac". A partir dos anos de 1990, a pesquisa sobre o Pentateuco redescobriu as observações feitas por W. Staerk e K. Galling, segundo os quais os relatos sobre os patriarcas e do êxodo constituem, originalmente, dois mitos de origem diferentes (e concorrentes)[201].

Segundo Römer, Schmid, Gertz e atualmente também Blum e outros[202], foi o autor ou o redator do relato sacerdotal que criou, pela

---

200. RENDTORFF, R. *Das überlieferungsgeschichtliche Problem des Pentateuch.* Berlim/Nova York: W. de Gruyter, 1976 [Trad. ingl.: *The Problem of the Process of Transmission in the Pentateuch.* Sheffield: Jsot Press, 1990].

201. STAERK, W. *Studien zur Religions- und Sprachgeschichte des alten Testaments, I. und II. Heft.* Berlim: G. Reimer, 1899. • GALLING, K. *Die Erwählungstraditionen Israels.* Giessen: A. Töpelmann, 1928.

202. RÖMER, T. *Israels Väter* – Untersuchungen zur Väterthematik im Deuteronomium und in der deuteronomistischen Tradition. Friburgo/Göttingen: Universität Verlag/Vandenhoeck & Ruprecht, 1990. • SCHMID, K. *Erzväter und Exodus* – Untersuchungen zur doppelten Begründung der Ursprünge Israels innerhalb der Geschichtsbücher des Alten Testaments. Neukirchen-Vluyn: Neukirchener Verlag, 1999 [Trad. ingl.: *Genesis and the Moses Story* – Israel's Dual Origins in the Hebrew Bible. Winona Lake: Eisenbrauns, 2010]. • GERTZ, J.C. Abraham, Mose und der Exodus – Beobachtungen zur Redaktionsgeschichte von Genesis 15. In: GERTZ, J.C; SCHMID, K.; WITTE, M. (orgs.). *Abschied vom Jahwisten* – Die Komposition des Hexateuch in der jüngsten Diskussion. Berlim/ Nova York: De Gruyter, 2002, p. 63-81. • BLUM, E. The Literary Connection Between the Books of Genesis and Exodus and the End of the Book of Joshua. In: DOZEMAN, T.B.; SCHMID, K. (orgs.). *A Farewell to the Yahwist?* – The Composition of the Pentateuch in Recent European Interpretation. Atlanta: Society of Biblical Literature, 2006, p. 89-106. Cf. OTTO, E. *Das Deuteronomium im Pentateuch und Hexateuch* – Studien zur Literaturgeschichte von Pentateuch und Hexateuch im Lichte des Deuteronomiumsrahmen. Tübingen: Mohr Siebeck, 2000. PURY, A. Pg as the Absolute Beginning. In: RÖMER, T.; SCHMID,

primeira vez, uma relação entre os patriarcas e a história do êxodo e de Moisés. Aceitar essa hipótese não significa necessariamente que as duas tradições da origem tenham sido colocadas por escrito pela primeira vez na época exílica ou no início do período pós-exílico. Sobre a tradição dos patriarcas, A. de Pury amadureceu a ideia de que a história de Jacó preserva uma tradição antiga que reflete realidades do final do segundo milênio a.C., e que teve o seu primeiro relato escrito produzido no século VIII[203]. Uma posição bastante semelhante é assumida por Blum[204]. De outro lado, N. Na'aman sustenta que o relato sobre Jacó foi composto na época exílica, como parte integrante de uma história dos patriarcas que compreendia os relatos sobre Abraão e Isaac[205].

Este capítulo busca abordar a questão da data e dos contextos históricos do relato sobre Jacó combinando considerações arqueológicas e exegéticas. Nós nos propomos a investigar indicações que permitam localizar e datar componentes ou estratos desses relatos complexos, a fim de tentar reconstruir a história em sua longa duração ou, mais precisamente, a história cultural dessas tradições. Essas indicações podem ser detectadas na relação entre textos, contextos geopolíticos, realidades demográficas e de ocupação dos lugares, assim como nos topônimos mencionados e os trabalhos arqueológicos realizados nesses mesmos lugares.

Seguindo esse mesmo método, nós sugerimos, no capítulo anterior, uma "estratigrafia" e uma cronologia dos relatos sobre Abraão

---

K. (orgs.). *Les dernières rédactions du Pentateuque, de l'Hexateuque et de l'Ennéateuque.* Lovaina: Leuven University Press/Peeters, 2007, p. 99-128.

203. PURY, A. Situer le cycle de Jacob – Quelques réflexions, vingtcinq ans plus tard. In: WÉNIN, A. (org.). *Studies in the Book of Genesis* – Literature, Redaction and History. Lovaina: Leuven University Press/Peeters, 2001, p. 213-241.

204. BLUM, E. The Jacob Tradition. In: EVANS, C.A.; LOHR, J.N.; PETERSEN, D.L. (orgs.). *The Book of Genesis* – Composition, Reception, and Interpretation. Leiden: Brill, 2012, p. 181-211.

205. NA'AMAN, N. The Jacob Story and the Formation of Biblical Israel. *Tel Aviv*, n. 41, p. 91-124, 2014.

e buscamos identificar as camadas literárias e as realidades, ao mesmo tempo, arqueológicas e históricas neles subjacentes, desde a Idade do Ferro até as épocas exílica e pós-exílica e, eventualmente, até o Período Helenístico[206]. A seguir, nós desejamos fazer o mesmo com as tradições sobre Jacó. Nós utilizaremos a exegese bíblica e os indícios fornecidos pela arqueologia e por fontes extrabíblicas a fim de propor algumas observações preliminares sobre aspectos importantes de *realia*, capazes de lançar luzes sobre a história cultural e a tradição de Jacó.

## Norte e Sul

É amplamente aceito que o Livro de Gênesis (assim como outras partes da Bíblia Hebraica) inclui tradições do reino do Norte. No entanto, não há dúvidas de que o produto final do relato sobre os patriarcas reflete uma perspectiva do reino do Sul. Isso inclui o próprio arranjo do Livro de Gênesis: a história se inicia com o antepassado do Sul, Abraão, apresentado como o primeiro patriarca e avô do antepassado do Norte, Jacó. Essa composição certamente foi efetuada com o objetivo de promover a ideia da dominação de Judá sobre Israel e, de fato, de submeter Israel a Judá, em um momento em que o reino do Norte já não existia e em que Judá se tornou o único herdeiro das antigas tradições do povo hebreu. Na exegese antiga, que por vezes empregou um raciocínio de tipo circular, essa ideologia sulista foi frequentemente "herdada" pela pesquisa bíblica e histórica.

Se, por meio de Abraão, o reino de Judá possui a primazia nos relatos patriarcais e se constituiu como o principal objeto da pesquisa tradicional, os textos extrabíblicos e a arqueologia demons-

---

206. FINKELSTEIN, I.; RÖMER, T. Comments on the Historical Background of the Abraham Narrative: Between "Realia" and "Exegetica". *Hebrew Bible and Ancient Israel*, n. 3, p. 45-65, 2014 [traduzido para o português no cap. 3 desta obra].

tram que, sobre o plano histórico, Israel era a força dominante entre os dois reinos hebreus. De um ponto de vista demográfico e econômico, Israel se desenvolveu muito antes de Judá[207]. Os territórios do Norte, às duas margens do Rio Jordão (os planaltos centrais e Galaad), eram densamente povoados desde o Ferro I, ao passo que os planaltos marginais de Judá tinham apenas uma população pouco numerosa[208]. Nessa época, a proporção entre os habitantes dos planaltos de Israel (incluindo Galaad) e Judá pode ser estimada em 25 contra 1![209] Judá, por sua vez, começou a se desenvolver de maneira significativa somente ao longo da última fase do final do Ferro IIA (no final do século IX)[210] e atingiu o seu apogeu apenas no Ferro IIB-C, o final do século VIII e o século VII[211].

---

207. FINKELSTEIN, I. State Formation in Israel and Judah, A Contrast in Context, A Contrast in Trajectory. *Near Eastern Archaeology*, n. 62, p. 35-52, 1999. • FINKELSTEIN, I. *Le Royaume biblique oublié*. Paris: Odile Jacob, 2013 [Trad. ingl.: *The Forgotten Kingdom* – The archaeology and history of Northern Israel, 2013].

208. FINKELSTEIN, I. *The Archaeology of the Israelite Settlement*. Op. cit., 1988. Cf. outros artigos em FINKELSTEIN, I.; NA'AMAN, N. (orgs.). *From Nomadism to Monarchy*: Archaeological and Historical Aspects of Ancient Israel. Op. cit., 1994.

209. Essa estimativa baseia-se em dados apresentados em FINKELSTEIN, I. *Archaeology of the Israelite Settlement* (Op. cit., p. 332-333), aos quais se acrescenta a população de Galaad.

210. FINKELSTEIN, I. The Rise of Jerusalem and Judah: The Missing Link. *Levant*, n. 33, p. 105-115, 2001. • FANTALKIN, A. The Appearance of Rock-Cut Bench Tombs in Iron Age Judah as a Reflection of State Formation. In: FANTALKIN, A.; YASSUR-LANDAU, A. (orgs.). *Bene Israel*: Studies in the Archaeology of Israel and the Levant during the Bronze and Iron Ages in Honour of Israel Finkelstein. Leiden/Boston: Brill, 2008, p. 17-44. • FANTALKIN, A.; FINKELSTEIN, I. The Sheshonq I Campaign and the 8th Century Earthquake: More on the Archaeology and History of the South in the Iron I-Iron IIA. *Tel Aviv*, n. 33, p. 18-42, 2006. • SERGI, O. The Expansion of Judah in the 9th Century BCE: Date and Historical Context. *Tel Aviv*, n. 40, p. 226-246, 2013.

211. JAMIESON-DRAKE, D.W. *Scribes and Schools in Monarchic Judah*. Sheffield: Sheffield Academic Press, 1991. • FINKELSTEIN, I. The Settlement History of Jerusalem in the Eighth and Seventh Centuries BCE. *Revue Biblique*, n. 115, p. 499-515, 2008. • FINKELSTEIN, I.; SILBERMAN, N.A. Temple and Dynasty: Hezekiah, the Remaking of Judah and the Rise of the Pan-Israelite Ideology. *Journal for the Study of the Old Testament*, n. 30, p. 259-285, 2006.

Ainda em meados do século VIII (ou seja, antes da conquista de Galaad por Damasco) a proporção entre a demografia de Israel e a de Judá era ainda estimada em 4 contra 1[212]. A demografia pode, evidentemente, se traduzir em termos de força militar e econômica. O poderio de Israel sob a dinastia omrida é, de fato, atestada na lista de Salmanassar III que contém os participantes da batalha de Qarqar, em 853 a.c., e sugerido pelas inscrições de Tel Dã e Mesha, assim como é retratada nos textos bíblicos que fazem referência aos reinos dos omridas e aos reinos, um pouco mais tardios, de Joás e Jeroboão II (sobre esse último, cf., p. ex., 2Rs 13,25; 14,25a.28). Além disso, Israel controlava as regiões mais férteis como o Vale de Jezrael e as rotas comerciais, tais como a rota do comércio internacional ao longo da costa e dos vales do Norte, e a Via Real, na Transjordânia. Israel também tinha melhor ligação com a costa e as regiões vizinhas. Tudo isto fez aumentar sua produção agrícola e suas receitas comerciais. Em suma, do ponto de vista demográfico, econômico, militar e geopolítico, Israel foi a potência dominante durante praticamente todo o período no qual os dois estados hebreus existiram lado a lado[213]. Isso pode ser percebido ainda nos livros de Reis, particularmente nos relatos proféticos sobre a dinastia omrida e em 1Rs 22[214] e 2Rs 8,28-29, assim como no relato sobre a batalha de Bet-Sames entre Joás e Amasias

---

212. Segundo BROSHI, M.; FINKELSTEIN, I. The Population of Palestine in Iron Age II (*Bulletin of the American Schools of Oriental Research*, n. 287, p. 47-60, 1992), com as referências citadas.

213. Para uma visão completa, cf. FINKELSTEIN, I. *Archaeology of the Israelite Settlement*. Op. cit.

214. A identidade original do rei de Israel nessa história não é clara. Somente o n. 20 o identifica com Acab, pois para os redatores dtr ele foi um dos reis mais detestáveis do reino do Norte. Não é possível, no entanto, ter segurança sobre se essa história realmente diz respeito a um rei específico do Norte; o narrador pode ter buscado um "protótipo" como o "faraó", empregado em êxodo (cf. a discussão sobre diferentes soluções em WÜRTHWEIN, E. *Die Bücher der Könige. 1. Kön 17-2. Kön. 25*. Göttingen: Vandenhoeck & Ruprecht, 1984, p. 261-262. De qualquer modo, fica claro que o rei de Judá aparece como uma espécie de vassalo.

de Judá (2Rs 14,8-14). Esses fatores devem ser tomados em consideração na análise dos relatos sobre os patriarcas.

## As camadas antigas do relato sobre Jacó

Nós temos todos os motivos para supor que o relato sobre Jacó engloba duas camadas da Idade do Ferro, uma escrita, que data da primeira metade do século VIII, e uma anterior, oral, que pode ser considerada como a mais antiga tradição sobre Jacó. Começaremos pela primeira, e por observações de ordem exegética.

Se Os 12 data do século VIII[215], há claras alusões à existência, já nessa época, dos principais episódios do ciclo de Jacó, constante no Livro de Gênesis: seu nascimento; seu conflito com seu irmão e uma alusão ao seu nome (Gn 25,24-26; cf. Os 12,4); o combate com Deus (El) ou seu anjo e a etimologia do nome "Israel"[216] (Gn 32,23-32; cf. Os 12,5); o encontro em Betel (Gn 28,10-22; cf. Os 12,5); seu enriquecimento (Gn 30,25-42; cf. Os 12,9); a fuga para Aram (Gn 31,1-22; cf. Os 12,13); a alusão a Galaad como um "monte de pedras" (Gn 31,46-47; cf. Os 12,12); o serviço em troca de uma esposa (Gn 29,15-30; cf. Os 12,13) e ainda, possivelmente, o tema de

---

215. PURY, A. The Jacob Story and the Beginning of the Formation of the Pentateuch. In: DOZEMAN, T.B.; SCHMID, K. (orgs.). *A Farewell to the Yahwist?* Op. cit., p. 51-72. • BLUM, E. Hosea 12 und die Pentateuchüberlieferungen. In: HAGEDORN, A.C.; PFEIFFER, H. (orgs.). *Die Erzväter in der biblischen Tradition* – Festschrift für Matthias Köckert. Berlim/Nova York: De Gruyter, 2009, p. 291-321. Cf. tb. PFEIFFER, H. *Das Heiligtum von Bethel im Spiegel des Hoseabuches*. Göttingen: Vandenhoeck & Ruprecht, 1999. • RUDNIG-ZELT, S. *Hoseastudien* – Redaktionskritische Untersuchungen zur Genese des Hoseabuches. Göttingen: Vandenhoeck & Ruprecht, 2006. • BOS, J.M. *Reconsidering the Date and Provenance of the Book of Hosea*: The Case for Persian Period Yehud. Nova York: Bloomsbury, 2013, que preconizam uma data mais tardia. Também nesses casos, a argumentação parece circular: os textos do Pentateuco são tardios, as alusões a esses textos devem, portanto, ser tardias. Deve-se acrescentar que, ainda que Os 12 seja o resultado de intervenções redacionais, ele pode, ainda assim, conter materiais antigos.

216. As análises da crítica textual sugerem um *'el* original.

Jacó "vivendo sob uma tenda" (Gn 25,27[217]; cf. Os 12,10). Essas alusões são corroboradas por uma similitude entre os termos empregados: עקב (Gn 27,36//Os 12,4); שרה (Gn 32,29//Os 12,4); יכל (Gn 32,29//Os 12,4); גל (Gn 31,46//Os 12,12); עבד (Gn 29,15.18 etc.//Os 12,13); ישב (ב)אהלים (Gn 25,27//Os 12,10). Esses inúmeros paralelos indicam uma relação entre Os 12 e o relato sobre Jacó em Gênesis. Recentemente, N. Na'aman defendeu, seguindo outros autores, que Os 12 tinha sido a fonte escolhida pelo autor do relato sobre Jacó para construir o conjunto de Gn 25–35. No entanto, o caráter alusivo de Os 12 pressupõe um conhecimento anterior do relato pelos ouvintes, sem o que o texto de Oseias lhes teria sido incompreensível. Evidentemente, não é possível saber se Oseias faz alusão a um texto escrito ou a uma tradição oral, mas, no que concerne ao relato sobre Jacó e Labão, os eventos aos quais Oseias faz referência são os mesmos que aparecem no relato de Gênesis. O fato de que Jacó seja colocado em paralelo com Efraim mostra que, então, ele não era considerado como um antepassado de um Israel "teológico", mas como o patriarca do reino de Israel. Ao contrário de Abraão que, fora do Pentateuco, aparece em um número limitado de textos que não são mais antigos do que o Período Babilônico, Jacó é mencionado com frequência, sobretudo para designar "Israel", o reino do Norte. A passagem de Jr 9,3, geralmente considerada como remontando ao Profeta Jeremias, também emprega a raiz עקב que é atestada somente em Gn 27,36 e Os 12,4. Isso indica o conhecimento, no final do século VII, de uma tradição sobre um conflito entre Jacó e seu irmão. No que diz respeito a Os 12, exceto a alusão a um irmão não nominado[218], todos os outros elementos mencionados

---

217. No texto original francês o texto indicado é de Gn 25,7, que não coincide com o tema mencionado. O autor deve ter pretendido citar Gn 25,27 [N.T.].

218. Isso poderia indicar que a história de Jacó e Esaú/Edom é mais tardia do que o ciclo de Jacó e Labão. Segundo Na'aman (Jacob Story), na literatura oral, o irmão de Jacó era Judá, mas essa solução é difícil de aceitar, visto que a menção a Judá em Os 12,3 é considerada como a substituição tardia de um "Israel" original.

têm relação com a história de Jacó e Labão. Esse relato, na sua forma pré-sacerdotal, pode ter surgido no século VIII e já continha todos os principais episódios que aparecem no relato de Gênesis[219].

A menção a Harã, nesse relato, merece atenção. Nessa época, Harã, conforme já mencionamos, era a capital ocidental do Império Assírio, e a permanência de Jacó nesse lugar pode ter sido narrada com o objetivo de mostrar aos ouvintes como se comportar de modo astuto em relação aos assírios, que são descritos como "arameus"[220]. Existem, de fato, indícios de simbiose entre arameus e assírios, bem como traços da penetração dos arameus na sociedade assíria, em todos os seus níveis. Segundo Jean-Marie Durand[221], a corte neoassíria era, de fato, "arameia". Isso é evidenciado ainda pelo fato de que o aramaico tenha se tornado uma língua escrita oficial, largamente utilizada[222]. Uma outra possibilidade, talvez ainda mais adequada, seria considerar as três referências a Harã (Gn 27,43; 28,10; 29,4) como inserções tardias, que datariam da era de prosperidade do século VI[223]. A história original, composta na Idade do Ferro, devia, então, se preocupar com Aram, que fazia fronteira com Israel. Essa teoria apoia-se particularmente sobre uma observação: Os 12 menciona Aram e não Harã, o que só aumenta a dificuldade de datar Os 12 no Período Persa.

---

219. KNAUF, E.A. Towards an Archaeology of the Hexateuch. In: GERTZ, J.C.; SCHMID, K.; WITTE, M. (orgs.). *Abschied vom Jahwisten.* Op. cit., p. 275-294. • BLUM, E. Jacob Tradition. Op. cit.

220. Essa é, a nosso ver, uma opção melhor do que aquela que identifica os "arameus" com os deportados israelitas, como defende NA'AMAN, N. Jacob Story. Op. cit.

221. Comunicação oral. Agradecemos nosso colega por sua ajuda com essa questão.

222. MILLARD, A.R. Assyrians and Arameans. *Iraq*, n. 45, p. 101-108, 1983.

223. Cf. NA'AMAN, N. Jacob Story. Op. cit. Observe-se, no entanto, que Harã já ocupava uma posição predominante no último terço do século VIII e durante o século VII.

A visão que Jacó teve em Betel em Gn 28 também é compatível com as concepções religiosas mesopotâmicas[224]: a porta do céu, uma espécie de rampa ou de zigarite, uma divindade nos céus e uma divindade em pé, próxima do adorador. É possível que o texto do século VIII ainda distinguisse entre El, assentado no céu, e YHWH, o deus pessoal de Jacó, estando em pé ao seu lado (sobre esse conceito, cf. tb. a forma original de Dt 32,8, onde YHWH é apresentado como o filho de El[225]). Alguém poderia argumentar, nesse caso, que o relato que faz de Jacó o fundador do santuário do deus El em Betel representa, ao mesmo tempo, a introdução de YHWH nesse santuário. Existe um amplo consenso sobre o fato de que importantes partes do discurso de YHWH em Gn 28,13-15 pertencem a uma redação tardia, e que YHWH apareceu apenas de maneira silenciosa em uma visão ou, mais provavelmente, que Ele se apresentou e ofere-

---

224. HUROWITZ, V.A. Babylon in Bethel – New Light on Jacob's Dream. In: HOLLOWAY, S.W. (org.). *Orientalism, Assyriology and the Bible.* Sheffield: Sheffield Academic Press, 2006, p. 436-448. Para representações sobre o tema de uma divindade menor conduzindo um ser humano até uma divindade assentada sobre seu trono, cf. KEEL, O. *Die Welt der altorientalischen Bildsymbolik und das Alte Testament* – Am Beispiel der Psalmen. 3. ed. Göttingen: Vandenhoeck & Ruprecht, 1980, 18, n. 9, p. 179. • NA'AMAN, N. Does Archaeology Really Deserve the Status of A "High Court" in Biblical and Historical Research? (In: BECKING, B.E.J.H.; GRABBE, L.L. (orgs.). *Between Evidence and Ideology.* Leiden: Brill, 2010, p. 165-183) opta pelo Período Babilônico como contexto dessa tradição. No entanto, a possibilidade de que a transmissão de tradições da Babilônia a Betel já tenha tido lugar antes da época da dominação neobabilônica, "no tempo de Senaquerib e Assaradon" (HUROWITZ, V.A. Babylon in Bethel. Op. cit., p. 447) fragiliza a argumentação de Na'aman. Cf. FINKELSTEIN, I. Archaeology as High Court in Ancient Israelite History: A Reply to Nadav Na'aman. *Journal of Hebrew Scriptures*, n. 10, art. 19, 2010.

225. Segundo uma reconstrução baseada na LXX e um fragmento de Qumran, esse versículo afirma que, quando El Elyon criou o mundo, ele entregou um povo a cada um dos seus (setenta?) filhos: "e YHWH recebeu Jacó/Israel". Cf. RÖMER, T. L'Ancien Testament est-il monothéiste? In: EMERY, G.; GISEL, P. (orgs.). *Le Christianisme est-il un monothéisme?* 2001, p. 72-92 (Lieux théologiques, 36). WYATT, N. The Seventy Sons of Athirat, the Nations of the World, Deuteronomy 32.6B, 8-9 and the Myth of the Divine Election. In: REZETKO, R.; LIM, T.H.; AUCKER, W.B. (orgs.). *Reflection and Refraction* – Studies in Biblical Historiography in Honour of A. Graeme Auld. Leiden: Brill, 2007, p. 547-556.

ceu ajuda divina (v. 13 e 15), de modo bastante semelhante àquele que se observa nos oráculos divinos neoassírios[226].

Ao fundo desse relato do século VIII sobre Jacó e Labão é possível identificar uma tradição mais antiga, possivelmente pré-monárquica – o mais antigo relato sobre Jacó. Segundo Gn 31,45-54, o estabelecimento de um tratado entre Jacó e Labão definia as fronteiras entre os dois nas terras de pastagem do nordeste da região israelita de Galaad[227]; é aí que se encontra o "a terra de Kedem", ou seja, o país dos povos do leste. O relato sobre o montículo de pedras (gal'ed = "cairn") erigido por Jacó (Gn 31,48) é provavelmente um relato etiológico (que pode ter sido inspirado pelas pedras de fronteira assírias, os *kuduru*), cujo objetivo era explicar um elemento geográfico de Galaad; elemento relacionado, de uma forma ou de outra, à realidade da fronteira entre as populações israelitas e arameias, que viviam próximas umas das outras, no norte da Transjordânia. Determinar a localização desse relato é importante para a compreensão do seu contexto.

Um lugar chamado Masfa, aparentemente situado nas proximidades do *gal'ed*, tem um papel importante no relato, visto que uma etiologia do termo é oferecida (Gn 31,49). Ele deve provavelmente ser identificado com Tell el-Masfa (e a aldeia de Suf) ou próximo, com vista para o vale superior do Jaboque, a alguns quilômetros ao nordeste de Jerash. Esse pequeno lugar, que poderia preservar o nome antigo, situa-se em um ponto estratégico de comando: esse é um dos montes mais altos do Levante (*ca.* 1.100m

---

226. Cf., de modo semelhante, BLUM, E. The Jacob Tradition. Op. cit., n. 39, p. 197. Os oráculos neoassírios, nos quais Ishtar (ou outra divindade) se apresenta e promete seu auxílio ao rei, poderiam sustentar essa reconstrução.

227. Cf. EISSFELDT, O. Das Alte Testament im Licht der safatenischen Inschriften. *Zeitschrift der Deutschen Morgenländischen Gesellschaft*, n. 104, p. 88-118, 1954. Sobre os territórios israelitas de Galaad, cf. FINKELSTEIN, I.; KOCH, I.; LIPSCHITS, O. The Biblical Gilead: Observations on Identifications Geographic Divisions and Territorial History. *Ugarit-Forschungen*, n. 43, p. 131-159, 2012.

acima do nível do mar). Isso concorda com o sentido do nome (um lugar que domina seu entorno) e com a ideia de um lugar que pode ser visto de longe e, portanto, servir de marco territorial. Masfa parece ser o mais oriental dos territórios israelitas em Galaad, na fronteira com o território da aldeia arameia de Lo-Dabar, que provavelmente pode ser identificada com el-Husn, ao sul de Irbid[228]. Outra localidade importante mencionada no ciclo de Jacó é Fanuel, situada no vale inferior do Jaboque[229]. De fato, a tradição sobre a fundação de um templo em Fanuel também pode fazer parte do estrato antigo do relato sobre Jacó[230] (provavelmente também Sucot, se levarmos em conta Gn 33,17[231]) e, talvez Maanaim[232]. Tudo isso parece indicar que as primeiras tradições sobre

---

228. Sobre Masfa de Galaad, cf. FINKELSTEIN, I.; KOCH, I.; LIPSCHITS, O. The Biblical Gilead. Op. cit., que reportam referências à pesquisa anterior. A questão da relação entre Masfa e o relato sobre Jefté em Juízes (10,17; 11,11.29.34) extrapola o escopo desse nosso texto.

229. Ibid.

230. A história de Gn 32,23-32 provavelmente não é anterior ao século VIII, quando (sob Jeroboão II) Jacó se torna o antepassado de Israel, e deve, portanto, mudar de nome. O relato está centrado sobre essa mudança de nome e a etiologia de Fanuel não é necessariamente o seu maior centro de interesse. Seria, portanto, possível que essa etiologia tenha sido acrescentada por causa da memória de uma ligação entre os *Benê Ya'aqob* e Fanuel. Isso significaria que o clã de Jacó adoraria a divindade El? Cf. tb. VAN DER TOORN, K. *Family Religion in Babylonia, Syria and Israel*: Continuity and Change in the Forms of Religious Life (Leiden: Brill, 1996, p. 300), que sugere que as tradições sobre Jacó tinham ligação com El e que as tradições do êxodo tinham ligação com YHWH. A pesquisa tradicional antiga com frequência coloca em evidência as várias menções a El nos relatos sobre os patriarcas, com, no entanto, uma explicação histórica errônea segundo a qual eles inicialmente veneravam um deus sem nome, o "deus dos pais", que foi identificado com El ou com alguma manifestação específica da principal divindade cananeia.

231. Gn 33,17 sugere que Jacó tenha sido uma espécie de fundador do Sucot, à qual ele atribui um nome, como fizera com Betel e Maanaim.

232. Novamente, o relato em Gn 32,2ss. não é anterior ao Período Neoassírio. Cf. RÖMER, T. Genese 32,2-22: préparations d'une rencontre. In: MACCHI, J.-D.; RÖMER, T. (orgs.). *Jacob: Commentaire à plusieurs voix de Gn. 25-36* – Mélanges offerts à Albert de Pury. Genebra: Labor et Fides, 2001, p. 181-196, que trazem outras referências bibliográficas. Nessa passagem, Maanaim faz parte de um jogo de palavras sobre maan/im ("campo(s)") que aparece com bastante frequência.

Jacó eram locais, ligadas ao território israelita de Galaad, talvez até na mais antiga área central do território chamado Galaad, no Jaboque, ao sul[233], uma região que não ultrapassava 500km$^2$. As histórias ligadas a esse "patriarca" e a seu território foram, em um primeiro momento, provavelmente memorizadas e comemoradas em um santuário de El em Fanuel.

As realidades retratadas no estrato mais antigo da tradição sobre Jacó devem ser datadas provavelmente antes do Ferro IIB (cf. abaixo), quando se formou a fronteira de ocupação (para distinguir da fronteira política) entre israelitas e os arameus nessa região. Essa situação parece ter afinidade com o final do Ferro I ou com o início do Ferro IIA; isto é, o final do século XI ou o século X. Note-se que o conflito de Ramot de Galaad no final do reino dos omridas (1Rs 22; 2Rs 8,28-29) e que, o fato de que na época de Jeroboão II, Lo-Dabar fosse considerada como uma vila arameia bem estabelecida (Am 6,11-14), parece demonstrar efetivamente que a fronteira étnica em Galaad estivesse estabelecida desde antes do século IX. Nessa fase antiga de sua história cultural, a tradição de Jacó (na qual Jacó ainda não era o antepassado de "Israel", mas de um grupo chamado *Benê Ya'aqob*[234]) ainda não fora colocada por escrito (cf. abaixo).

Se esse tivesse sido o caso, como explicar a associação de Jacó com Betel, que também deve ser compreendida no contexto da Idade do Ferro, como demonstramos anteriormente? Essa tradição pode datar da primeira metade do século VIII a.C. quando Betel era um templo importante do reino do Norte (Am 7,13), provavelmente ao lado do templo da Samaria, ou inferior somente a esse (cf. abaixo).

---

Mas é possível sustentar que o autor do século VIII ou do século VII conhecia a relação entre Jacó e Maanaim, ou a relação entre Fanuel e Maanaim, dois lugares vizinhos, situados nos desfiladeiros do Jaboque.

233. FINKELSTEIN, I.; KOCH, I.; LIPSCHITS, O. The Biblical Gilead. Op. cit.

234. PURY, A. Jacob Story. Op. cit.

Isto é confirmado pela arqueologia de Beitin. O lugar foi particularmente próspero no Ferro I e no Ferro IIB; faltam indícios de alguma atividade no início do Ferro IIA e nos períodos Neobabilônico e Persa e a atividade ao final do Ferro IIA é reduzida[235]. Mesmo que não se possa simplesmente ignorar que seja possível que uma tradição sobre Jacó em Betel tenha surgido no Ferro I ou no início do Ferro IIA[236], parece-nos que a institucionalização da vinculação entre Jacó e Betel convém melhor ao reino de Jeroboão II (788-747 a.C.). Nessa época a antiga tradição sobre Jacó foi "importada" para Betel em um contexto de reorganização do culto e do reino, ou foi promovida aí (caso ela já fosse conhecida a oeste do Jordão). O famoso relato de 1Rs 12,29 atribui ao reino de Jeroboão I a construção dos santuários de Betel e Dã. Contudo, as provas arqueológicas encontradas em Dã e Betel indicam que uma realidade do período de Jeroboão II[237] é subjacente a esse texto: esses dois sítios não estavam ocupados no

---

235. FINKELSTEIN I.; SINGER-AVITZ, L. Reevaluating Bethel. *Zeitschrift des Deutschen Palästina-Vereins*, n. 125, p. 33-48, 2009 – contrariamente aos pesquisadores que, baseados unicamente sobre uma avaliação textual, dão grande importância ao papel de Betel nos períodos Babilônico e Persa, como, p. ex., BLENKINSOPP, J. Bethel in the Neo-Babylonian Period. In: LIPSCHITS, O.; BLENKINSOPP, J. (orgs.). *Judah and the Judeans in the Neo-Babylonian Period*. Winona Lake: Einsenbrauns, 2003, p. 93-107. • KNAUF, E.A. Bethel: The Israelite Impact on Judean Language and Literature. In: LIPSCHITS, O.; OEMING, M. (orgs.). *Judah and the Judeans in the Persian Period*. Winona Lake: Einsenbrauns, 2006, p. 291-349. • DAVIES, P.R. The Trouble with Benjamin. In: REZETKO, R.; LIM, T.H.; AUCKER, W.B. (orgs.). *Reflection and Refraction*. Op. cit., 2007, p. 93-111. • NA'AMAN, N. Does Archaeology. Op. cit.

236. Note-se, p. ex., a relação entre a região do Jaboque e a região de Betel na tradição profundamente enraizada sobre o território controlado pela casa de Saul assim como na lista de Sheshonq I, que data da segunda metade do século X. Cf. FINKELSTEIN, I. The Last Labayu: King Saul and the Expansion of the First North Israelite Territorial Entity. In: AMIT, Y.; BEN ZVI, E.; FINKELSTEIN, I.; LIPSCHITS, O. (orgs.). *Essays on Ancient Israel in its Near Eastern Context* – A Tribute to Nadav Na'aman. Winona Lake: Einsenbrauns, 2006, p. 171-187.

237. Um conclusão idêntica é proposta a partir da exegese do texto em BERLEJUNG, A. Twisting Traditions: Programmatic Absence-Theology for the Northern Kingdom in I Reg 12, 26-33 (The "sin of Jeroboam"). *Journal of Northwest Semitic Languages*, n. 35, p. 1-42, 2009.

início do Ferro IIA (a época de Jeroboão I[238]) e Dã provavelmente não era controlada pelo reino de Israel antes de 800 a.C.[239]

Essa avaliação concorda com a análise do texto de 1Rs 12 que distingue entre, de um lado, uma antiga tradição pré-deuteronomista, preservada nos versículos 1-20 e 25, e segundo a qual Jeroboão I construiu Siquém e Fanuel, e, de outro, o relato sobre os bezerros de ouro em Betel e Dã, atribuído a um ou vários redatores deuteronomistas[240] que provavelmente pretenderam situar a construção de Betel e Dã no início da história do reino do Norte, a fim de apresentá-la como o "pecado original" dessa monarquia. Essa análise literária confirma a distinção entre Fanuel e o relato sobre Betel e Dã no texto deuteronomista dos livros de Reis, provavelmente por causa da recordação da importância desse lugar na tradição de Galaad no início do Ferro IIA.

O primeiro esforço redacional da história de Jacó foi empreendido, aparentemente, sobre o reino de Jeroboão II no século VIII, provavelmente em Betel. À exceção de uma única inscrição de três cartas (encontradas em Khirbet Raddana e que datam do Ferro I tardio ou do início do Ferro IIA), não existe praticamente nenhuma prova de alfabetização nos planaltos, sobre as montanhas às margens do Rio Jordão, antes do final do Ferro IIA, na segunda metade do século IX. O hebraico aparece pela primeira vez nos arredores dos planaltos, em particular nos centros urbanos de Gat e de Rehob, no século IX; em seguida, no centro dos reinos hebreus, um pouco mais tarde. A primeira propagação da atividade escribal em Israel é conhecida pelos óstracos de Samaria e as inscrições de Kuntillet Ajrud, que

---

238. Sobre Dã, cf. ARIE, E. Reconstructing the Iron Age II Strata at Tel Dan: Archaeological and Historical Implications. *Tel Aviv*, n. 35, p. 6-64, 2008. Sobre Betel, cf. FINKELSTEIN, I.; SINGER-AVITZ, L. Reevaluating Bethel. Op. cit.

239. FINKELSTEIN, I. Stages in the Territorial Expansion of the Northern Kingdom. *Vetus Testamentum*, n. 61, p. 227-242, 2011.

240. Cf., p. ex., WÜRTHWEIN, E. *Die Bücher der Könige* – Das erste Buch der Könige. Kapitel 1-16. Göttingen: Vandenhoeck & Ruprecht, 1977, p. 150-166.

datam, ambas, do início do Ferro IIB, na primeira metade do século VIII[241]. É interessante notar que, na Samaria, óstracos e inscrições têm relação com a administração real, e pelo menos um dos exemplos, na província de Kuntillet Ajrud, é também ligado ao culto.

A "migração" das tradições sobre Jacó de Galaad para o planalto central, a oeste do Jordão, e sua promoção em Betel levantam a questão da tradição sobre a sepultura de Jacó em Siquém (Gn 33,18-20)[242]. Existe uma certa lógica em buscar uma memória antiga sobre a tumba de um herói/patriarca (e um santuário associado a ela)[243], mas a terminologia do versículo 18 parece tardia (Padã-Aram pertence a contextos sacerdotais, assim como a expressão "terra de Canaã")[244]. O mesmo se aplica ao versículo 19: na sua forma redacional atual, a menção a Hemor prepara a transição para Gn 34[245], e o termo *qśîṭah* (prata, ovelha?) aparece apenas em dois textos tardios, Js 24,32 e Jó 42,11. Nós poderíamos tentar reconstruir a antiga tradição na forma a seguir, sem necessariamente empregar as mesmas palavras (o estado redacional tardio está entre colchetes):

18 ויבא יעקב [שלם]

עיר שכם [אשר בארץ כנען בבאו מפדן ארם] ויחן את פני העיר

19 ויקן את חלקת

השדה אשר נטה שם אהלו [מיד בני חמור אבי שכם במאה קשיטה]

20 ויצב שם מזבח ויקרא לו אל אלהי ישראל

---

241. Sobre essa questão, cf. FINKELSTEIN, I.; SASS, B. The West Semitic Alphabetic Inscriptions Late Bronze II to Iron IIA: Archaeological Context, Distribution and Chronology. *Hebrew Bible and Ancient Israel*, n. 2, p. 149-220, 2013.

242. Sua associação com a gruta de Macpela em Gn 49,30 e 50,13 é claramente tardia.

243. PURY, A. *Promesse divine et légende cultuelle dans le cycle de Jacob.* Tome I et II. Paris: Gabalda, 1975, p. 562.

244. BLUM, E. Genesis 33,12-20: Die Wege trennen sich. In: MACCHI, J.-D.; RÖMER, T. (orgs.). *Jacob.* Op. cit., p. 227-238.

245. A aquisição de um lugar pode também ser alusiva a Gn 23 (P ou ainda mais tardio). Nesse caso, todo o versículo 19 seria tardio.

¹⁸Jacó chegou [...] à cidade de Siquém [...] e acampou em frente à cidade.

¹⁹Ele comprou o campo onde armou suas tendas [...]

²⁰Levantou ali um altar que chamou "El, Deus de Israel".

A menção no versículo 20 poderia confirmar a memória da veneração de uma divindade identificada como "El" pelo clã de Jacó em Fanuel, Betel e, provavelmente também em Siquém. O centro da tradição de Siquém deveria ser considerado, nesse caso, como parte da "importação" do relato sobre Jacó de Galaad e de sua promoção nas regiões altas, a oeste do Jordão, entre Siquém e Betel. Isso também conviria relativamente bem ao reino de Jeroboão II e à sua reorganização do culto no reino do Norte. Seguindo nossa análise de Gn 28,10-22 feita anteriormente, a primeira versão da descoberta de Betel por Jacó teria provavelmente por objetivo combinar a veneração original do deus El com a veneração de YHWH.

O fato de que a oeste do Jordão as tradições sobre Jacó estejam circunscritas na parte meridional dos planaltos norte de Israel, entre Siquém e Betel, levanta a questão das tradições que estavam localizadas na parte setentrional do planalto central, entre Siquém e o Vale de Jezrael, particularmente na Samaria e seus entornos.

As inscrições e desenhos de Kuntillet Ajrud indicam a efetiva atuação de uma monarquia israelita nesse local, provavelmente sob Jeroboão II[246]. Particularmente importante é a menção de YHWH de Temã e de YHWH da Samaria nessas inscrições. Em Kuntillet Ajrud, o culto parece ter sido dedicado a YHWH de Temã, ou seja, YHWH das regiões áridas do Sul e a Asherah, considerada por al-

---

246. Cf., p. ex., NA'AMAN, N. The Inscriptions of Kuntillet 'Ajrud through the Lens of Historical Research. *Ugarit-Forschungen*, n. 43, p. 1-43, 2012. • ORNAN, T. Drawings from Kuntillet 'Ajrud. In: AHITUV, S.; ESHEL, E.; MESHEL, Z.; ORNAN, T. (orgs.). *To Yahweh Teiman and his Ashera, the Inscriptions and Drawings from Kuntillet 'Ajrud ("Horvat Teman") in Sinai*. Jerusalém: Israel Exploration Society, 2015, p. 43-68 (Hébreu).

guns pesquisadores como sua consorte e por outros como seu templo[247]. YHWH da Samaria, que também pode ter sido venerado em Kuntillet Ajrud, deveria provavelmente ser compreendido como o patrono ou a divindade protetora da capital do reino do Norte (em comparação com YHWH de Jerusalém na inscrição de Beit Lei[248]). A inscrição 3.1 (e 3.8?) de Kuntillet Ajrud poderia, de fato, fazer referência a um templo de YHWH na Samaria[249]. Da mesma forma, é possível que em Os 8,6 e 1Rs 16,32 seja feita alusão a esse templo, quando o texto original fala de uma "casa de YHWH" na Samaria[250]. A possível relação entre Kuntillet Ajrud e os relatos sobre o

---

247. O caso da Asherah permanece ainda como objeto de debate. Um importante número de pesquisadores defende que a Asherah (ou "a deusa") era a esposa de YHWH. Cf. OLYAN, S.M. *Ashera and the Cult of Yahweh in Israel*. Atlanta: Scholars Press, 1988. • HADLEY, J.M. Yahweh and "his Ashera": Archeological and Textual Evidence for the Cult of the Goddess. In: DIETRICH, W.; KLOPFENSTEIN, M.A. (orgs.). *Ein Gott allein?* – JHWH-Verehrung und biblischer Monotheismus im Kontext der israelitischen und altorientalischen Religionsgeschichte. Friburgo/Göttingen: Universität Verlag/Vandenhoeck & Ruprecht, 1994, p. 235-268. • UEHLINGER, C. Anthropomorphic Cult Statuary in Iron Age Palestine and the Search for Yahweh's Cult Images. In: VAN DER TOORN, K. (org.). *The Image and the Book. Iconic Cults, Aniconism, and the Rise of the Book Religion in Israel and the Ancient Near East.* Leuven: Peeters, 1997, p. 97-156. B. Sass retoma, em On epigraphic Hebrew ʾŠR and ʾŠRH, and on Biblical Asherah (*Transeuphratène,* n. 46, p. 47-66, 2014) uma sugestão anterior, baseada sobre evidências extrabíblicas, segundo as quais "Asherah" era o nome do templo de YHWH, que acabou sendo deificado.

248. LEMAIRE, A. Prieres en temps de crise: les inscriptions de Khirbet Beit Lei. *Revue Biblique,* n. 83, p. 558-568, 1976.

249. KEEL, O.; UEHLINGER, C. *Gods, Goddesses and Images of Gods in Ancient Israel.* Mineápolis: Fortress Press, 1998, p. 228. • DIJKSTRA, M. El, the God of Israel – Israel, the People of YHWH: On the Origins of Ancient Israelite Yahwism. In: BECKING, B.; DIJKSTRA, M.; KORPEL, M.C.A.; VRIEZEN, J.H. (orgs.). *Only One God?* – Monotheism in Ancient Israel and the Veneration of the Goddess Asherah. Londres/Nova York: Sheffield Academic Press, 2001, p. 81-126. • SCHMID, K. *The Old Testament*: A Literary History, 2010, p. 53.

250. KÖCKERT, M. YHWH in the Northern and Southern Kingdoms. In: KRATZ, R.G.; SPIECKERMANN, H. (orgs.). *One God: One Cult – One Nation* – Archaeological and Biblical Perspectives. Berlim; Nova York: De Gruyter, 2010, p. 357-394.

êxodo e a jornada no deserto[251] sugere a possibilidade de que a tradição do êxodo esteja ligada a esse templo.

Portanto, ao que parece, o reino do Norte mantinha dois relatos sobre suas origens[252] ou mitos fundacionais[253]: o ciclo de Jacó de um lado, e o relato sobre o êxodo e da permanência no deserto, de outro. Suas fontes podem ser buscadas nos primórdios do reino do Norte, ou ainda antes[254], mas esses relatos parecem ter se institucionalizado somente na primeira metade do século VIII, nos tempos de Jeroboão II. Esse rei pode ter feito um esforço por centralizar o culto do reino do Norte nos santuários oficiais, com, provavelmente, o objetivo de estabelecer um rígido controle da burocracia real sobre o culto e os recursos gerados a partir dos templos. Pelo menos dois desses templos centrais tinham relação com um dos mitos fundacionais de Israel[255]: Jacó, o herói local de Galaad, era, então, ve-

---

251. NA'AMAN, N. Inscriptions of Kuntillet 'Ajrud. Op. cit. • FINKELSTEIN, I. The Wilderness Narrative and Itineraries and the Evolution of the Exodus Tradition. In: LEVY, T.E.; SCHNEIDER, T.; PROPP, W.H.C. (orgs.). *Israel's Exodus in Transdisciplinary Perspective*: Text, Archaeology, Culture and Geoscience. Heidelberg: Springer, 2015, p. 39-53.

252. Esse termo é empregado em BLUM, E. Jacob Tradition, Op. cit., p. 207.

253. VAN DER TOORN, K. *Family Religion.* • ALBERTZ, R. Exodus: Liberation History against Charter Myths. In: VAN HENTEN, J.W.; HAUTEPEN, A.W.J. (orgs.). *Religious Identity and the Invention of Tradition – Papers read at a Noster Conference in Soesterberg, January 4-6, 1999*. Assen: Royal Van Gorcum, 2001, p. 128-143.

254. Sobre os cenários possíveis da história antiga da tradição sobre o êxodo, cf., p. ex., REDFORD, D.B. An Egyptological Perspective on the Exodus Narrative. In: RAINEY, A.F. (org.). *Egypt, Israel, Sinai*: Archaeological and Historical Relationships in the Biblical Period. Tel Aviv: Tel Aviv University Press, 1987, p. 137-161. • NA'AMAN, N. The Exodus Story: Between Historical Memory and Historiographical Composition. *Journal of Ancient Near Eastern Religions*, n. 11, p. 39-69. • RÖMER, T. *L'invention de Dieu.* Paris: Du Seuil, 2014 [Trad. bras. *A origem de Javé.* São Paulo: Paulus, 2016]. • FINKELSTEIN, I. Wilderness Narrative. Op. cit. Note-se que não há inícios que permitam vincular esses mitos aos territórios do Vale de Jezrael e da Galileia no reino do Norte, o que sugere que eles se cristalizaram antes da expansão de Israel sobre essas regiões, no início do Ferro IIA.

255. Os outros santuários do interior foram extintos. Isso fica claro em Meguido: no Ferro IIA tardio, Meguido abrigava pelo menos dois, se não três ou quatro san-

nerado em Betel no templo do deus El e, provavelmente, ligado a YHWH, enquanto o êxodo era celebrado no templo de YHWH na Samaria[256]. Não é possível saber se alguma outra tradição era reverenciada no templo de Dã, que foi erigido nessa época[257]. Provavelmente foi nesses santuários de Betel e da Samaria que as tradições norte-israelitas foram colocadas por escrito pela primeira vez. Essa situação parece ser sugerida pelo autor de Os 12, um seguidor da tradição do êxodo como único mito fundacional de Israel, quando critica Jeroboão II por ter promovido Jacó e oferece, por sua vez, um ponto de vista negativo sobre o patriarca, apresentado como impostor[258]. (Esse motivo também está presente no relato sobre Jacó e Labão apresentado em Gênesis, contudo, em uma perspectiva mais neutra, ou até mesmo positiva.)

É difícil reconstruir o quadro exato da antiga tradição sobre Jacó a partir das primeiras fases da Idade do Ferro. No entanto, a geografia do relato oferece alguns indícios sobre o *"Haftpunkt"* (ponto de ancoragem) dessa tradição, um dentre eles foi provavelmente Fanuel. Nessa fase, é possível que a divindade em questão tenha sido El, como ainda se reflete em certas passagens do relato de Gênesis. É possível que a relação entre Jacó e YHWH tenha sido estabelecida no relato do século VIII. É difícil saber também quando YHWH foi assumido no Norte. As histórias de Elias refletem

---

tuários domésticos, vinculados a diferentes regiões da cidade. Outros santuários de dimensões mais modestas são conhecidos em Tel Amal, próximo de Beth-Shéán, e Tanak, no Vale de Jezrael, ao sul de Meguido. Esses santuários locais desapareceram no início do século VIII. Em Meguido, nenhum local de culto sobreviveu a essa transição. Sobre essa questão, cf. NA'AMAN, N. The Abandonment of Cult Places in the Kingdoms of Israel and Judah as Acts of Cult Reform. *Ugarit-Forschungen*, n. 34, p. 585-602, 2002.

256. Cf. VAN DER TOORN, K. *Family Religion*. Op. cit., p. 300.

257. ARIE, E. Reconstructing. Op. cit.

258. Ao mesmo tempo, Oseias frequentemente levanta a voz contra o "bezerro" da Samaria que, segundo o relato dtr. de 1Rs 12, também era venerado em relação com o êxodo em Betel e Dã. O cenário, portanto, é um pouco confuso.

uma concorrência entre YHWH e um Baal fenício. Se existe um fundo histórico por detrás do golpe de Jeú, é possível que ele tenha feito de YHWH a divindade titular dos reis de Israel e que Jeroboão II foi aquele que promoveu o culto de YHWH em Israel. Os nomes de Ocazias e Jorão dados a membros da dinastia omrida antes de Jeú atestam, contudo, que YHWH já era venerado nos círculos palacianos sob os omridas. A "revolução de Jeú" deveria, então, ser compreendida com uma tentativa de erradicar a veneração dos *ba'alim* fenícios e de estabelecer YHWH como única divindade titular da monarquia, institucionalizado por Jeroboão II.

## O relato sobre Esaú

Uma questão ainda não resolvida na reconstrução da formação do ciclo de Jacó é a relação entre Jacó e Esaú/Edom. Se Esaú era, desde a origem, uma personificação de Edom/Seir, que é uma hipótese plausível, então nós temos três possibilidades relativas à relação entre Edom e Jacó.

De acordo com a primeira possibilidade, as relações difíceis entre Edom e "Israel" pressupõem o conceito "teológico" de Israel, depois que as tradições de Jacó chegaram a Judá e que esse reino se apropriou do nome "Israel" como um termo que designa o povo de YHWH. Nesse caso, a história de Jacó e Esaú teria sido acrescentada ao relato sobre Jacó, não antes de uma fase tardia do século VI, antes ou depois da queda de Jerusalém. Pode-se notar a animosidade em relação a Edom nas últimas fases da história de Judá[259] e perceber que não há um contexto histórico claro que explique as relações (tensas) entre Israel e os edomitas no período do reino do Norte[260].

---

259. Cf. diversos artigos em EDELMAN, D.V. (org.). *You Shall not Abhor an Edomite for He is Your Brother*. Atlanta: Scholar Press, 1995.

260. NA'AMAN, N., Jacob Story. Op. cit.

Uma segunda possibilidade consistiria em relacionar o conflito com os edomitas a momentos mais antigos da tradição de Jacó, com base no fato de que YHWH era originalmente uma divindade do Sul, ou até mesmo uma divindade edomita[261]. Dt 33,2 apresenta YHWH como divindade que veio de Seir e Hab 3,3 (El) de Temã[262]. Isso significa que os conflitos e a reconciliação entre os irmãos, Jacó e Esaú refletiriam a adoção de uma divindade edomita ou de uma divindade do Sul pelo clã de Jacó, talvez por intermédio de um grupo Shasú. Mas essa possibilidade é altamente especulativa.

Uma terceira opção surge a partir das inscrições de Kuntillet Ajrud, que podem ser datadas com boa segurança na primeira parte do século VIII a.C.[263] Elas oferecem a comprovação de que nesse local YHWH era invocado sob o nome de "o YHWH da Samaria" e "o YHWH de Temã" (com o artigo definido), de modo que uma relação entre Jacó e Esaú/Edom (Temã) também poderia fazer todo o sentido no contexto do século VIII. Nesse caso, o relato sobre a reconciliação e a separação entre Jacó e Esaú/Edom poderia refletir a "transferência" de YHWH de Edom para "Israel". De certo modo, o relato sobre Jacó do século VIII seria um reconhecimento da veneração comum de YHWH (sob diferentes manifestações). Perce-

---

261. BARTLETT, J.R. *Edom and the Edomites*. Sheffield: Jsot Press, 1989. • RÖMER, T. *L'invention de Dieu*. Op. cit.

262. De acordo com PFEIFFER, H. *Jahwes Kommen von Süden*: Jdc 5, Hab 3, Dtn 33 und Ps 68 in ihrem literatur-und theologiegeschichtlichen Umfeld (Göttingen: Vandenhoeck & Ruprecht, 2005) a tradição bíblica de YHWH vindo do Sul é uma criação exílica que busca desvencilhar YHWH de um local específico, após a destruição do templo de Jerusalém. Cf. tb., do autor: Die Herkunft Jahwes und ihre Zeugen. *Berliner theologische Zeitschrift*, n. 30, p. 44-61, 2013. Esse argumento não é muito convincente e é difícil imaginar os escribas de Judá criando um YHWH "do Sul". Sobre as origens de YHWH no Sul, cf., entre outros autores, LEUENBERGER, M. Jhwhs Herkunft aus dem Süden. Archäologische Befunde; biblische Überlieferungen; historische Korrelationen. *ZAW*, n. 122, p. 1-19, 2010.

263. Sobre as provas por radiocarbono, cf. o resumo em FINKELSTEIN, I.; PIASETZKY, E. The Date of Kuntillet 'Ajrud: The 14C Perspective. *Tel Aviv*, n. 35, p. 175-185, 2008. • BOARETTO, E. Conferência na Universidade de Tel Aviv, jan./2013.

be-se que após seu reencontro com Esaú, Jacó afirma que se reunirá a ele em Seir (Gn 33,14-15), quando, na verdade, se estabelece em Sucot e Siquém.

Evidentemente, uma data tardia para o relato sobre "Jacó-Esaú" não pode ser descartada, mas é difícil desconectar Esaú de Aram[264] e de Harã; isto é, de um contexto do século VII ou do século VI. Enfim, o fato de que Abraão tenha tido, como Isaac, dois filhos concorrentes sugere provavelmente que os redatores do relato sobre Abraão tinham conhecimento da tradição sobre Jacó e Esaú.

## A união dos relatos sobre Jacó e Abraão

Há um amplo consenso sobre a ideia de que a transmissão das tradições antigas sobre Jacó no reino do Sul não teve lugar antes da destruição da Samaria em 722 a.C.[265] É somente a partir desse *terminus a quo* que elas puderam ser combinadas com as histórias re-

---

264. Há consenso sobre o fato de que a expressão Padã-Aram, que designa o norte da Mesopotâmia, aparece no Livro de Gênesis somente nos textos P ou nos textos mais tardios (Gn 25,20; 31,18; 33,18; 35,9.26; 46,18. Cf. tb. Padã em Gn 28,2.5-7; 48,7). Sobre o significado desse termo, cf. JERICKE, D. *Die Ortsangaben im Buch Genesis* – Ein historisch-topographischer und literarisch-topographischer Kommentar. Göttingen: Vandenhoeck & Ruprecht, 2013, p. 180.

265. De acordo com a hipótese documentária clássica, essa vinculação já estava presente no trabalho do javista no século X, ou até mesmo antes. Essa compreensão pressupõe a ideia de uma "monarquia unificada" que, de acordo com o que nos é possível avaliar, é uma construção teológica do ou dos autores do estrato antigo do texto escrito, historicamente chamado "deuteronomista"; sobre os dados bíblicos. Cf. GERTZ, J.C. Konstruierte Erinnerung. Alttestamentliche Historiographie im Spiegel von Archäologie und literarhistorischer Kritik am Fallbeispiel des salomonischen Königtums. *Berliner Theologische Zeitschrift*, n. 21, p. 3-29, 2004. Sobre os dados arqueológicos, cf. o resumo em FINKELSTEIN, I.; SILBERMAN, N.A. *David and Solomon*: In: Search of the Bible's Sacred Kings and the Roots of the Western Tradition, 2006. • FINKELSTEIN, I. A Great United Monarchy? Archaeological and Historical Perspectives. In: KRATZ; SPIECKERMANN (orgs.). *One God*, p. 3-28. Isso pressupõe um alto índice de alfabetização que não condiz com o século X. • SASS, B. *The Alphabet in the Turn of the Millennium*: The West Semitic Alphabet ca. 1150-850 BCE, the Antiquity of the Arabian, Greek and Phrygian Alphabets. Tel Aviv: Emery and Claire Yass Publ. in Archaeology, 2005. • FINKELSTEIN, I.; SASS, B. West Semitic. Op. cit.

lativas ao patriarca do Sul, Abraão. Há, aliás, uma lógica histórica dentro da qual se pode imaginar a união dos relatos sobre Jacó e de Abraão em Judá, depois de 720 e antes de 586, provavelmente alinhada com uma ideologia "pan-israelita" do povo e do território que deve ter vindo à luz durante o reinado de Josias. A nova situação demográfica de Judá, uma nação agora composta por uma mistura de grupos do reino do Norte e do reino do Sul, tornava necessário o reforço da coesão dessa monarquia "unificada"[266] através da criação de uma história que combinava as tradições do Sul e as tradições do Norte. A fusão dessas tradições se efetuou desde o início sob formas escritas, visto que elas constituem uma tentativa deliberada de propor uma nova história "oficial" e global dos patriarcas. Os anos que se seguiram a 720 em Judá, e de modo todo particular os séculos VII e VI, são, aliás, caracterizados por uma vasta propagação do uso da escrita na administração e na comunicação[267].

Nessa nova "história" dos patriarcas, a realidade dos fatos, ou seja, a preeminência de Israel sobre Judá durante toda a sua existência paralela, foi invertida: Judá (Abraão e Isaac) recebeu a primazia da tradição unificada e Jacó foi acrescentado a essa posteriormente. O relato sobre Abraão "absorveu" também tradições provenientes dos relatos sobre Jacó, tal como o itinerário em Gn 12,4-9, a construção de lugares de culto (cf. abaixo) e, talvez também, a ideia de dois filhos que devem se separar. O objetivo é submeter os relatos sobre Jacó aos relatos sobre Abraão; isto é, submeter Israel (que já não existia) a Judá. Essa fusão de tradições não se concretizou em apenas uma etapa, ela constituiu um longo processo que se iniciou provavelmente no século VII e se estendeu até o Período Persa. A ideia segundo a qual essa relação foi estabelecida bastante tardiamente se baseia no fato de que, fora do

---

266. FINKELSTEIN, I.; SILBERMAN, N.A. Temple and Dynasty. Op. cit.

267. JAMIESON-DRAKE, D.W. *Scribes and Schools*. Op. cit.

Livro de Gênesis, as passagens que mencionam os três patriarcas juntos são sínteses teológicas tardias, que datam dos períodos Babilônico e Persa[268]. No Livro de Gênesis, a unificação dos relatos sobre os patriarcas foi operada por diferentes redatores, cada um dos quais empregando estratégias diferentes: uma delas foi, por exemplo, a reiteração, aos três antepassados, das promessas divinas da terra e da descendência[269].

Com frequência tem-se observado que, nos relatos unificados, as tradições do Sul "reverberam" as tradições do Norte: em Gn 12,5-9, Abraão viaja para Betel e Siquém[270]. Ele "saiu" de Judá a fim de percorrer a região dos planaltos e reivindicá-las para a monarquia de Judá e para a sua população. De forma significativa, Betel e Siquém provavelmente simbolizam aqui as tradições referentes a Jacó (os lugares mais ao norte não são mencionados), o que corrobora a ideia de uma relação antiga entre Jacó e Siquém, provavelmente vinculada à veneração de uma tumba. Então, a questão que se impõe é saber a qual contexto convém melhor o destaque dado a Betel em Gn 12,8. Atualmente, essa passagem é frequentemente considerada como exílica ou posterior[271], mas, nesse período, esse lugar não estava ocupado ou, no máximo, ti-

---

268. Cf. TOURNAY, R.J. Genese de la tríade "Abraham-Isaac-Jacob". *Revue Biblique*, n. 103, p. 321-336, 1996.

269. KESSLER, R. *Die Querverweise im Pentateuch* – Überlieferungsgeschichtliche Untersuchungen der expliziten Querverbindungen innerhalb des vorpriesterlichen Pentateuchs. Frankfurt am Main: P. Lang, 1972. • RENDTORFF, R. Problem. Op. cit. • KÖCKERT, M. *Vätergott und Väterverheissungen* – Eine Auseinandersetzung mit Albrecht Alt und seinen Erben. Göttingen: Vandenhoeck & Ruprecht, 1988.

270. Note-se que em Gn 12 os locais nos quais Abraão cumpre algum ritual são "próximo de": próximo de Betel e próximo de Siquém. Essa pode ter sido uma estratégia literária visando demonstrar que antes mesmo da centralização do culto no templo de Jerusalém, o venerável patriarca não frequentava os lugares de culto "ilegítimos", sobretudo Betel, desprezado pela ideologia dtr.

271. P. ex., BLUM, E. *Die Komposition der Vätergeschichte.* Neukirchen-Vluyn: Neukirchener Verlag, 1984, p. 462.

nha uma população pouco numerosa[272]. É interessante notar que Abraão não é colocado em relação com Fanuel (ao contrário de Betel) porque a fusão das tradições deve ter sido realizada quando essa cidade já não tinha mais importância, pois Galaad tinha sido perdida por ocasião da ofensiva de Rezin de Damasco na segunda metade do século VIII[273]. Fanuel somente passará a ter importância mais tarde, no Período Asmoneu.

A visita de Jacó a Mambré (Gn 35,27) provavelmente revela a mesma estratégia que visa consolidar os paralelos entre os dois antepassados e estabelecer a superioridade de Judá sobre Israel. Também é plausível compreender que, para unificar a família dos patriarcas, o local de sepultura de Jacó tenha sido "transferido" de Siquém para Hebron[274]. É interessante notar que, no Novo Testamento, os Atos dos Apóstolos parecem pressupor alguma ligação com Siquém, indicando que ali tenha sido adquirido um lugar para a sepultura de Abraão (At 7,16).

## O relato sacerdotal sobre Jacó

Há um relativo consenso quanto à extensão do material sacerdotal (P) no relato sobre Jacó[275]: Gn 25,19-20.25.26b; 26,34-35;

---

272. FINKELSTEIN, I.; SINGER-AVITZ, L. Reevaluating Bethel. Op. cit. • BLENKINSOPP, J. Bethel. Op. cit. Essas obras sustentam que o santuário de Betel teve um papel de maior destaque no Período Babilônico. Essa tese, no entanto, é contradita pelos achados arqueológicos.

273. NA'AMAN, N. Rezin of Damascus and the Land of Gilead. *Zeitschrift des Deutschen Palästina-Vereins*, n. 111, p. 105-117, 1995.

274. Para mais detalhes, cf., nesta obra, a abertura do cap. 3: "Observações sobre os contextos históricos da história de Abraão".

275. Cf., p. ex., a sinopse de JENSON, P.P. *Graded Holiness – A Key to the Priestly Conception of the World* (Sheffield: Jsot Press, 1992, p. 220-221), onde o autor compara as reconstruções feitas por Noth, Elliger, Lohfink, Weimar e Holzinger. Exceto pequenas divergências, elas são idênticas à reconstrução feita por T. Nöldeke em 1869, resumida em BLUM, E. Jacob Tradition. Op. cit., p.190-191.

27,46; 28,1-9 (28,24.28b; 29.30,22[276]); 31,18; 35,6a.9-15.22b-29; 46,3-4; 47,27-28; 50,12-13[277]. Ao contrário da história de Abraão, na qual o relato P pode ser reconstruído como uma sequência narrativa coerente, a versão sacerdotal da história de Jacó tem lacunas significativas. Ou P foi composto a fim de integrar diretamente o relato mais antigo sobre Jacó[278], ou P não tinha um verdadeiro interesse por Jacó, considerando-o apenas como um vínculo genealógico entre Abraão, com o qual YHWH firmou uma aliança (Gn 17), e o povo de Israel. Segundo P, esse vínculo se estabelece através da revelação divina feita a Moisés (Ex 6)[279]. Note-se que P vincula (pela primeira vez?) Jacó ao relato sobre o êxodo. Por essa razão, P não foi integralmente preservado quando integrado aos materiais mais antigos sobre Jacó. Como no caso de Ismael, P busca atenuar o conflito entre Jacó e Esaú fazendo com que sua partida ao encontro de Labão não seja resultante de uma fuga, mas da vontade de sua mãe, que deseja que ele se case com alguém de seu círculo familiar[280]. Isso implica uma história de Jacó que já contemplava a relação com Esaú. O único outro episódio que interessa a P é a teofania de Betel, que é reescrita em Gn 25. É interessante observar que P migra a mudança de nome de Jacó de Fanuel para Betel. Como observou Blum, ele omite a explicação do nome Betel e transforma a *maṣṣebâ* em um "memorial do discurso divino"[281]. De qualquer modo, ao empregar o termo "El Shaddai"

---

276. Segundo Jenson, somente Holzinger atribui esses versículos à P.

277. Essa enumeração não leva em consideração as referências à história de José que são supostamente atribuídas à P, mas que provavelmente sejam pós-P.

278. Como defende BLUM, E. Jacob Tradition, Op. cit., p. 192.

279. PURY, A. Genese 12-36. In: RÖMER, T.; MACCHI, J.-D.; NIHAN, C. (orgs.). *Introduction à l'Ancien Testament.* 2. ed. Genebra: Labor et Fides, 2009, p. 217-238.

280. É interessante observar que, segundo P, Esaú desposa duas mulheres hititas (26,34-35; cf. 27,46) e Ismael desposa uma egípcia (21,21).

281. BLUM, E. Jacob Tradition. Op. cit., p. 192.

para identificar a divindade que aparece a Abraão e Jacó (Gn 17,1; 28,3; 35,1) P novamente reconhece a "tradição do deus El" em relação com os patriarcas. Essa utilização de uma divindade adorada no Oriente Próximo no tempo em que P estava escrevendo significa o reconhecimento dos diversos "El" presentes nos antigos relatos sobre os patriarcas[282]. Evidentemente P identifica YHWH e El Shaddai através da noção de uma revelação divina em três etapas (Ex 6,2-3). Aparentemente, P compartilha o ponto de vista de Judá ao transferir a tumba de Jacó a Macpela (Gn 50,12-13).

## As adições pós-sacerdotais ao relato sobre Jacó

Os textos sacerdotais não são as últimas adições ao relato sobre Jacó. Ele foi retrabalhado após a fusão da tradição mais antiga, com o relato P. As passagens seguintes fazem parte dessas inserções tardias.

A apresentação dos filhos de Jacó como as 12 tribos de Israel é uma construção tardia, que substituiu um relato mais antigo sobre os filhos de Jacó em Gn 29–30[283]. O relato sobre o nascimento de Benjamim e sobre a morte de Raquel também revela essa construção; a data tardia dessa passagem foi recentemente demonstrada por N. Na'aman[284]. A oração de Jacó antes do seu encontro com Esaú em Gn 32,10-13 é uma adição pós-deuteronomista que transforma Jacó em um judeu piedoso (cf. os paralelos em Ne 9 e Dn 9) e cor-

---

282. KNAUF, E.A. Shadday. In: VAN DER TOORN, K.; BECKING, B.; VAN DER HORST, P.W. *Dictionary of Deities and Demons in the Bible.* 2. ed. Leiden: Brill, 1999, p. 749-753.

283. LEVIN, C. Das System der zwölf Stämme Israels. In: EMERTON, J.A. (org.). *Congress Volume, Paris 1992.* Leiden: Brill, 1995, p. 163-178.

284. NA'AMAN, N. Jacob Story. Op. cit., Cf. tb., em uma perspectiva diferente, DIEBNER, B.J. Rachels Niederkunft bei Betlehem und die judäische Vereinnahmung der israelitischen Königstradition. *Dielheimer Blätter zum Alten Testament und seiner Rezeption in der Alten Kirche*, n. 26, p. 48-57, 1989/1990.

rige a narração mais antiga[285]. A narrativa composta relativa ao massacre em Siquém em Gn 34 também é pós-P, que transforma a vinculação tradicional de Jacó com esse lugar em um vínculo problemático, no qual Jacó deixa de cumprir um papel principal. (Essa estratégia refletiria uma ideologia antissamaritana?) Conforme demonstra Macchi, a história centrada sobre o comportamento violento de Levi e de Simeão antecipa as expressões tribais de Gn 49 e a exaltação de Judá nesse texto[286]. Essa história poderia pertencer a uma redação pró-davídica que data do Período Persa (cf. Gn 49,10). A passagem em Gn 35,1-7 foi deliberadamente inserida antes do relato P em Gn 35,9ss. Ela introduz o tema da renúncia aos deuses estrangeiros[287] em Siquém, um tema retomado em Js 24. Portanto, essa passagem provavelmente faz parte da redação de um Hexateuco que se encerrava com Js 24[288]. Ela poderia, inclusive, ter sido inserida como resposta a Gn 34 com o objetivo de mostrar que Siquém era (também) o lugar do culto verdadeiro ao Deus de Jacó e de Israel[289].

## Síntese

A combinação entre arqueologia, considerações de ordem geográfica e a pesquisa bíblica nos permitiu seguir os rastros da formação da tradição sobre Jacó desde os inícios da Idade do Ferro até a

---

285. Para mais detalhes, cf. RÖMER, T. Genese 32,2-22, p. 186-187 e 191, com a sua bibliografia.

286. MACCHI, J.-D.; Les interprétations conflictuelles d'une narration (Genese 34,1-35,5 ; 49,5-7). In: BROOKE, G.J.; KAESTLI, J.-D. (orgs.). *Narrativity in Biblical and Related Texts.* Lovaina: Leuven University Press/Peeters, 2000, p. 3-15.

287. De acordo com BECKER, U. Jakob in Bet-El und Sichem (In: HAGEDORN, A.C.; PFEIFFER, H. (orgs.). *Die Erzväter in der biblischen Tradition* – Festschrift für Matthias Köckert. Berlim/Nova York: De Gruyter, 2009, p. 159-185), esse tema foi inserido sobre um itinerário mais antigo.

288. BLUM, E. *Komposition der Vätergeschichte*. Op. cit., p. 35-61.

289. BECKER, U. Jakob (Op. cit.) vê aqui uma tentativa de minimizar a importância de Siquém em favor de Betel.

metade ou o final do Período Persa. O relato sobre Jacó é provavelmente uma das mais antigas tradições sobre as origens preservadas na Bíblia Hebraica. Ela existiu de maneira independente, sem relação com os patriarcas do Sul, e foi, inicialmente, um relato sobre as origens dos *Benê Ya'aqob* transjordânicos, que somente mais tarde foram identificados com Israel. Essa identificação, e provavelmente também a primeira versão escrita do relato sobre Jacó, toma forma no século VIII a.C. Jacó se torna, então, o fundador dos santuários (principalmente dos santuários do deus El), nos quais Jeroboão buscou integrar YHWH. Pouco antes e/ou após a queda de Judá, e durante o século VI, Jacó foi vinculado a Abraão, que se tornou o primeiro antepassado, demonstrando assim a primazia de Judá. P tinha menos interesse por Jacó; essa fonte reinterpreta o conflito com Esaú e a teofania de Betel e estabelece um vínculo entre os patriarcas e o relato sobre o êxodo. Depois de P, o papel de Siquém é consolidado, provavelmente no contexto das relações difíceis entre judeus e "samaritanos".

# 5
# O relato sobre a caminhada pelo deserto, seus itinerários e a evolução da tradição sobre o êxodo

*Israel Finkelstein*

Os pesquisadores que buscaram trabalhar sobre a realidade histórica ligada ao relato sobre o êxodo e a caminhada através do deserto[290] podem ser apresentados, *grosso modo*, como pertencentes a dois grupos.

Um primeiro grupo adere à perspectiva da pesquisa tradicional segundo a qual os textos bíblicos retratam uma situação da Idade do Bronze Recente, século XIII a.C., uma datação proposta por dedução lógica, fundada sobre uma cronologia interna da Bíblia[291]. Esses pesquisadores enfrentam dois problemas principais:

---

290. Sobre a possibilidade de alguma relação entre os dois, cf. DOZEMAN, T.B. Hosea and the Wilderness Wandering Tradition. In: MCKENZIE, S.L.; RÖMER, T. (orgs.). *Rethinking the Foundations*: Historiography in the Ancient World and in the Bible, Essays in Honour of John Van Seters. Berlim: De Gruyter, 2000, p. 64.

291. Cf., p. ex., KITCHEN, K.A. Egyptians and Hebrews, from Raamses to Jericho. In: OREN, E. (org.). *The Origin of Early Israel* – Current Debate (Beer-Sheva XII). Berseba: Ben Gurion University, 1998, p. 65-131. • HALPERN, B. The Exodus and the Israelite Historian. *Eretz Israel*, n. 24, p. 89-96, 1993. • HOFFMEIER, J.K. *Israel in Egypt*: The Evidence for the Authenticity of the Exodus Tradition. Nova York: Oxford University Press, 1997 • HOFFMEIER, J.K. *Ancient Israel in*

de um lado, atualmente é claro que não se constata atividade escribal significativa no antigo Israel antes de 800 a.C.[292]; eles devem, portanto, supor que houve uma transmissão oral do relato com todos os seus detalhes por um período de cerca de quatro séculos, sem que esse sofresse a infiltração de alguma realidade contemporânea a esse longo período; de outro lado, nenhum indício confirma especificamente uma origem dessa tradição no Bronze Recente: esses indícios podem igualmente ser atribuídos a outros períodos mais tardios[293].

Os que aderem à segunda perspectiva sugerem que o texto descreve realidades concordantes com o seu período de composição, do final do período monárquico ao período pós-exílico[294]. A maior dificuldade que se impõe aos pesquisadores dessa escola é a necessidade de explicar a sólida tradição sobre o êxodo e a experiência no deserto nos escritos dos profetas do reino do Norte desde o século VIII a.C.[295]

---

*Sinai*: The Evidence for the Authenticity of the Wilderness Tradition. Oxford: Oxford University Press, 2005.

292. FINKELSTEIN, I.; SASS, B. The West Semitic Alphabetic Inscriptions, Late Bronze II to Iron IIA: Archeological Context, Distribution and Chronology. *Hebrew Bible and Ancient Israel*, n. 2, p. 149-220, 2013.

293. Cf., p. ex., NA'AMAN, N. The Exodus Story: Between Historical Memory and Historiographical Composition. *Journal of Ancient Near Eastern Religions*, n. 11, p. 56-60, 2011.

294. REDFORD, D.B. *Egypt, Canaan, and Israel in Ancient Times.* Princeton: Princeton University Press, 1992, p. 408-422. • VAN SETERS, J. The Geography of the Exodus. In: DEARMAN, J.A.; GRAHAM, M.P. (orgs.). *The Land that I Will Show You*: Essays on the History and Archaeology of the Ancient Near East in Honor of J. Maxwell Miller. Sheffield: Academic Press, 2001, p. 255-276. • FINKELSTEIN, I.; SILBERMAN, N.A. *The Bible Unearthed*: Archaeology's New Vision of Ancient Israel and the Origin of its Sacred Texts. Nova York: The Free Press, 2001, p. 48-71 [Trad. bras.: *A Bíblia desenterrada*. Petrópolis: Vozes, 2018]. • LIVERANI, M. *Israel's History and the History of Israel.* Londres: Equinox, 2005, p. 277-282.

295. Para uma versão um pouco diferente, que coloca em destaque uma realidade mais antiga da Idade do Ferro sob o reino de Jeroboão I, cf. VAN DER TOORN, K. *Family Religion in Babylonia, Syria and Israel*: Continuity and Change in the

Quando abordamos os textos bíblicos relativos à tradição do êxodo e da caminhada no deserto é necessário ter em consideração os seguintes pontos: 1) Essa tradição ocupava um lugar importante no reino do Norte desde o século VIII[296]. 2) Ela teve uma história literária que lhe é própria[297]. 3) Ela era originalmente independente dos relatos sobre os patriarcas e era, aliás, anterior a esses. 4) Os dois conjuntos, patriarcas e êxodo, foram vinculados em um período relativamente tardio. 5) Na sua forma atual, o relato representa compilações sacerdotais (P e/ou até mesmo pós-P)[298].

---

Forms of Religious Life: Leiden: Brill, 1996, p. 287-315. • ALBERTZ, R. Exodus: Liberation History against Charter Myths. In: VAN HENTEN, J.W.; HAUTEPEN, A.W.J. (orgs.). *Religious Identity and the Invention of Tradition*: Papers Read at a noster Conference in Soesterberg, January 4-6, 1999. Assen; Van Gorcum, 2001, p. 128-143.

296. Cf., p. ex., HOFFMAN, Y. *The Doctrine of the Exodus in the Bible.* Tel Aviv: Tel Aviv University, 1983. • HOFFMAN, Y. A North Israelite Typological Myth and a Judaean Historical Tradition: The Exodus in Hosea and Amos. *Vetus Testamentum*, n. 39, p. 169-182, 1989. • VAN DER TOORN, K. *Family*. Op. cit., p. 287-315. • DOZEMAN, T.B. Hosea. Op. cit.

297. Cf., p. ex., DOZEMAN, T.B. *God on the Mountain*: A Study of Redaction, Theology and Canon in Exodus 19-24. Atlanta: Scholars Press, 1989. • RÖMER, T. La construction d'une "vie de Moise" dans la Bible hébraique et chez quelques auteurs hellénistiques. *Revue de l'Institut Catholique de Paris*, n. 85, p. 13-30, 2003. Cf. CARR, D.M. The Moses Story: Literary Historical Reflections (*Hebrew Bible and Ancient Israel*, n. 1, p. 7-36, 2012) a respeito de Moisés.

298. Para os pontos 3-5, cf., p. ex., RÖMER, T. *Israels Väter* – Untersuchungen zur Väterthematik im Deuteronomium und in der Deuteronomistischen Tradition. Friburgo: Universitatsverlag Freiburg, 1990. • GERTZ, J.C. *Tradition und Redaktion in der Exoduserzählung* – Untersuchungen zur endredaktion des Pentateuch. Göttingen: Vandenhoeck & Ruprecht, 2000, p. 380-388. • KRATZ, R.G. *The Composition of the Narrative Books of the Old Testament.* Londres: T. & T. Clark, 2005, p. 248-308. • SCHMID, K. *The Old Testament*: A Literary History. Mineápolis: Fortress Press, 2010. • SCHMID, K. Genesis and Exodus as Two Formerly Independent Traditions of Origins for Ancient Israel. *Biblica*, n. 93, p. 187-208, 2012. Outros artigos em DOZEMAN, T.B.; SCHMID, K. (orgs.). *A Farewell to the Yahwist?* – The Composition of the Pentateuch in Recent European Interpretation. Atlanta: Society of Biblical Literature, 2006. • RÖMER, T.; SCHMID, K. *Les Dernières Rédactions du Pentateuque, de l'Hexateuque et de l'Ennéateuque.* Lovaina: Uitgeverij; Peeters, 2007.

Aqui eu almejo abordar essa questão do ponto de vista da arqueologia, escolhendo um caminho diferente da habitual "caça" sobre os achados do Bronze Recente, trazidos à tona nos lugares e regiões mencionados nos textos bíblicos. Para isso, eu examinarei o material relativo à caminhada no deserto através do prisma dos topônimos encontrados nos relatos e nas listas das etapas nos livros de Êxodo, Número e Deuteronômio. Os itinerários têm sido estudados em detalhes em termos de estrutura, fontes, redações e geografia[299]. No entanto, a questão da realidade histórica raramente foi abordada. Em outros termos, embora as listas dos itinerários pertençam a redações tardias do Pentateuco, por motivos que nós tentaremos explicar mais adiante, elas provavelmente se fundamentam sobre fontes anteriores. Portanto, buscarei identificar esses materiais mais antigos, a fim de tentar reconstruir a história da tradição do êxodo e da caminhada no deserto. Para tanto, é necessário que uma questão se imponha: o que sabiam os diferentes autores bíblicos de diferentes épocas e contextos sobre o deserto do Sul? Essa questão é particularmente pertinente quando são examinadas as regiões habitadas: os autores do final do período monárquico, e dos períodos exílico e pós-exílico, estavam familiarizados com a geografia de Judá-Yehud e das regiões adjacentes, como os planaltos de Benjamin e de Moab, mas o seu conhecimento sobre as regiões um pouco mais distantes, como o norte de Galaad[300] e o norte da Samaria, era limitado e parcial. Se esse era o caso das regiões próximas do universo geográfico dos autores, o

---

299. Recentemente, ROSKOP, A.R. *The Wilderness Itineraries*: Genre, Geography, and the Growth of Torah. Winona Lake: Eisenbrauns, 2011. • DOZEMAN, T.B. The Priestly Wilderness Itineraries and the Composition of the Pentateuch. In: DOZEMAN, T.B.; SCHMID, K.; SCHWARTZ, B.J. (orgs.). *The Pentateuch* – International Perspectives on Current Research. Tübingen: Mohr Siebeck, 2011, p. 257-288.

300. FINKELSTEIN, I.; KOCH, I.; LIPSCHITS, O. The Biblical Gilead: Observations on Identifications, Geographic Divisions and Territorial History. *Ugarit-Forschungen*, n. 43, p. 131-159, 2012.

que dizer das regiões desérticas, desoladas e distantes, situadas a centenas de quilômetros? Qual poderia ser a fonte do seu conhecimento sobre essas regiões?

## Os itinerários

Os locais que foram visitados ao longo do período da caminhada pelo deserto são mencionados em diversos trechos do Pentateuco, no relato de Êxodo e Números (Ex 12,37; 13,20; 14,2; 15,22-23; 16,1; 17,1; 19,2; Nm 10,12; 11,35; 12,14; 20,1.22; 21,10-12); nas listas-resumo em Nm 33,1-49 e em vários versículos do Deuteronômio (1,1-2; 1,46–2,1; 10,6-7). Esses textos foram objeto de numerosas pesquisas relativas aos temas como a divisão em áreas geográficas[301]; o significado das fórmulas utilizadas[302]; as relações entre o relato e as listas-resumo[303]; o gênero específico dos itinerários descritos na Bíblia e nos textos do Antigo Oriente Próximo[304]; a identificação de diferentes lugares e as

---

301. WALSH, J.T. From Egypt to Moab: A Source Critical Analysis of the Wilderness Itinerary. *Catholic Biblical Quarterly*, n. 39, p. 1-19, 1977.

302. COATS, G.W. Wilderness Itineraries. *Catholic Biblical Quarterly*, n. 34, p. 135-152, 1972.

303. NOTH, M. Der Wallfahrtsweg zum Sinai (Nu 33). *Palästina-Jahrbuch*, n. 36, p. 5-28, 1940. • CROSS, F.M. *Canaanite Myth and Hebrew Epic*: Essays in the History of the Religion of Israel. Cambridge: Harvard University Press, 1973, p. 301-321. • KALLAI, Z. The Wandering-Traditions from Kadesh-Barnea to Canaan: A Study in Biblical Historiography. In: KALLAI, Z. (org.). *Biblical Historiography and Historical Geography* – Collection of Studies. Frankfurt: P. Lang, 1998, p. 165-174. • DAVIES, G.I. The Wilderness Itineraries and the Composition of the Pentateuch. *Vetus Testamentum*, n. 33, p. 1-13, 1983. • NORTH, R.S.J. Perspective of the Exodus author(s). *Zeitschrift für die Alttestamentliche Wissenschaft*, n. 113, p. 481-504, 2001. • LEE, W.W. *Punishment and Forgiveness in Israel's Migratory Campaign*. Grand Rapids: Eerdmans, 2003. • ROSKOP, A.R. *The Wilderness*. Op. cit., p. 223-232.

304. COATS, G.W. Wilderness. Op. cit. • DAVIES, G.I. The Wilderness Itineraries: A Comparative Study. *Tyndale Bulletin*, n. 25, p. 46-81, 1974. • ROSKOP, A.R. *The Wilderness*. Op. cit.

rotas no deserto[305] e as questões das fontes e dos redatores[306]. Em relação a esses últimos, os estudiosos assumem que os itinerários se baseavam em materiais mais antigos[307].

Uma das formas de evidenciar esses materiais antigos e seus contextos consiste em examinar a arqueologia dos lugares mencionados no relato e as listas, que podem ser identificados com precisão. No horizonte daquilo que é possível avaliar, a leste do Delta do Nilo e ao sul de Moab, trata-se unicamente de três lugares: Cades Barne (= Tell el-Qudeirat, no nordeste do Sinai), Asiongaber (= Tell el Kheleifeh, entre Aqaba e Elat), Pounôn (= Khinbet Faynan, na Arabá Oriental ao sul do Mar Morto) e uma região, Edom. Dois outros locais do Sul também poderiam esclarecer nossa questão sobre o conhecimento do deserto do Sul pelos autores: Ein Haseva, na Arabá Ocidental ao sul do Mar Morto, e Kuntillet Ajrud, na região nordeste do Sinai.

---

305. Cf., p. ex., DAVIES, G.I. *The Way of the Wilderness*: A Geographical Study of the Wilderness Itineraries in the Old Testament. Cambridge: Cambridge University Press, 1979. • DAVIES, G.I. The Wilderness Itineraries and Recent Archaeological Research. In: EMERTON, J.A. (org.). *Studies in the Pentateuch.* Leiden: Brill, 1990, p. 161-175. • NORTH, R.S.J. Perspective. Op. cit.

306. NOTH, M. Der Wallfahrtsweg. Op. cit. • NOTH, M. *Numbers*: A Commentary. Londres: SCM Press, 1968, p. 242-246. • COATS, G.W. Wilderness. Op. cit. • DAVIES, G.I. Wilderness Itineraries and the Composition. • DAVIES, E.W. *Numbers*: Based on the Revised Standard Version. Londres: M. Pickering, 1995, p. 341-343. • RÖMER, T. Israel's Sojourn in the Wilderness and the Construction of the Book of Numbers. In: REZETKO, R.; LIM, T.H.; AUCKER, W.B. (orgs.). *Reflection and Refraction* – Studies in Biblical Historiography in Honour of A. Graeme Auld. Leiden: Brill, 2007, p. 419-445. • LEE, W. The Concept of the Wilderness in the Pentateuch. In: POMYKALA, K.E. (org.). *Israel in the Wilderness* – Interpretations of the Biblical Narratives in Jewish and Christian Traditions. Leiden: Brill, 2008, p. 1-16.

307. NOTH, M. *Numbers*. Op. cit. p. 243. • NOTH, M. *A History of Pentateuchal Traditions.* Englewood Cliffs: Prentice-Hall, 1972, p. 224-227. • FRITZ, V. *Israel in der Wüste*: Traditiongeschichtliche Untersuchung der Wüstenüberlieferung des Jahwisten. Marburgo: N.G. Elwert, 1970, p. 116-117. • DAVIES, G.I, Wilderness Itineraries and the Composition. Op. cit. • DAVIES, E.W. *Numbers*. Op. cit., p. 342.

# Os lugares

## *Cades Barne*

Situada no oásis de Ein el-Qudeirat, Cades Barne foi quase totalmente escavada[308]. A publicação final e alguns tratamentos recentes dos achados abriram caminho para uma reavaliação do sítio[309]; os pontos relevantes dessa publicação estão resumidos a seguir.

O substrato 4C representa a ocupação mais antiga do sítio. A cerâmica Qurayyah pintada e outros achados datados da Idade do Ferro I[310] devem pertencer a essa ocupação e datam provavelmente do século XII a.C. Os resultados da análise por radiocarbono de amostras de grãos indicam datas do século X[311] e deveria associar--lhes a essa fase de ocupação, que durou um longo período. Os substratos 4B e 4A representam uma ocupação que se estendeu por boa parte do Ferro IIA (final do século X e início do IX). As diferentes fases do estrato 4 conservam vestígios de um sítio pequeno, provavelmente ocupado por uma população autóctone do deserto; o substrato 4B corresponde ao fenômeno dos sítios das planícies do Negueb durante o Ferro IIA: uma fase de sedentarização de populações autóctones relacionada à prosperidade alcançada pela manipulação do cobre na Arabá[312]. Os dados arqueológicos não são sufi-

---

308. Cf. o relatório final das escavações COHEN, R.; BERNICK-GREENBERG, H. *Excavations at Kadesh Barnea (Tell el-Qudeirat) 1976-1982.* Jerusalém: Israel Antiquities Authority, 2007.

309. FINKELSTEIN, I. Kadesh Barnea: A Reevaluation of its Archaeology and Historty. *Tel Aviv*, n. 37, p. 111-125, 2010.

310. SINGER-AVITZ, L. The Earliest Settlement at Kadesh Barnea. *Tel Aviv*, n. 35, p. 73-81, 2008.

311. GILBOA, A.; JULL, A.J.T.; SHARON, I.; BOARETTO, E. 14C Dates from Tell el-Qudeirat (Kadesh Barnea). *Tel Aviv*, n. 36, p. 82-94, 2009.

312. FINKELSTEIN, I. *Living on the Fringe*: The Archaeology and History of the Negev, Sinai and Neighbouring Regions in the Bronze and Iron Ages. Sheffield: Academic Press, 1995, p. 103-126. • MARTIN, M.; FINKELSTEIN, I. Iron IIA

cientes para determinar se o sítio estava ocupado na primeira metade do século VIII.

Os estratos 3 e 2 são os mais importantes para a nossa discussão. Eles representam os vestígios de um forte retangular bem conservado que data do Ferro IIB-C, circundado por uma muralha sólida que serve como fundamento de um sistema de casamatas. Esse forte foi edificado na segunda metade do século VIII (i. é, no período da ocupação dessa região pelos assírios) e continuou em funcionamento até por volta de 600 a.C. Cohen e Bernick-Greenberg[313] o identificaram como um centro administrativo judaíta[314] construído ao longo da rota comercial Darb el-Ghazza, que levava do Mar Vermelho à Costa Mediterrânea. Na'aman[315], por sua vez, defende que sua edificação foi uma iniciativa assíria e que o forte foi administrado pelos assírios através de cidadãos de reinos vassalos. Eu considero esse lugar como uma fortaleza construída por Judá em obediência às ordens da Assíria e que servia aos interesses e objetivos da administração assíria (cf. mais adiante). Levando-se em consideração o contexto geopolítico global do Levante na segunda metade do século VII, é razoável supor que o Egito da XXVI dinastia tomou o controle do Sul, inclusive de Cades Barne, depois da retirada assíria dessa região. A destruição do estrato 2 deveria ser relacionada com o ataque babilônico de 604/603 a.C. ou com a queda de Judá no início do século VI.

---

Pottery from the Negev Highlands: Petrographic Investigation and Historical Implications. *Tel Aviv*, n. 40, p. 6-45, 2013.

313. COHEN, R.; BERNICK-GREENBERG, H. (orgs.). *Excavations at Kadesh Barnea*. Op. cit., p. 13.

314. Os neologismos "Judaíta" (para identificar habitantes de Judá, como edomitas, moabitas, israelitas etc.) e "judaíta" (adjetivo) são empregados em todos os meus escritos a fim de diferenciar Judá, o reino do Sul na Idade do Ferro, de Yehud, no Período Persa, e da Judeia, nos períodos Helenístico e Romano.

315. NA'AMAN, N. The Kingdom of Judah under Josiah. *Tel Aviv*, n. 18, p. 48-49, 1991. • NA'AMAN, N. An Assyrian Residency at Ramat Rahel? *Tel Aviv*, n. 28, p. 268, 2001.

Com a destruição de sua fortaleza, Cades Barne perdeu sua importância. Alguns vestígios, pouco numerosos, aparentemente associados a uma cerâmica característica do final da Idade do Ferro, foram descobertos em um dos pontos de escavação, acima do estrato 2. Os parcos vestígios do Período Persa, descobertos em diferentes pontos do sítio acima do estrato 2, compreendem uma impressão em selo "*Yehud*" que pertence ao grupo 14 da classificação de Vanderhooft e Lipschits[316] e data dos séculos IV e II.

## *Asiongaber*

Asiongaber é identificado com o sítio de Tell el-Kheleifeh, no extremo norte do Golfo de Aqaba; nenhum outro sítio da Idade do Ferro é conhecido nessa região. Nelson Glueck escavou a maior parte desse sítio entre 1938 e 1940[317]. Ele dividiu os trabalhos em cinco períodos de atividade e os datou entre os séculos X e V a.C., atribuindo um estrato a cada um dos reis de Judá que a Bíblia menciona como aqueles que teriam desenvolvido atividades nessa região. Glueck interpretou os vestígios do primeiro período como provas de uma vasta indústria de produção de cobre que dataria da época salomônica.

Alguns fragmentos cerâmicos de tipo Qurayyah[318] poderiam atestar alguma atividade no século XII, provavelmente ligada à extração de cobre em Timna[319]. O estabelecimento, nesse sítio, de alguma relação entre Salomão e a manipulação do cobre proposto

---

316. VANDERHOOFT, D.; LIPSCHITS, O. A New Typology of the Yehud Stamp Impressions. *Tel Aviv*, n. 34, p. 12-37, 2007.

317. Cf. a síntese em GLUECK, N. Ezion-geber. *Biblical Archaeologist*, n. 28, p. 70-87, 1965.

318. PRATICO, G.D. *Nelson Glueck's 1938-1940 Excavations at Tell el-Kheleifeh*: A Reappraisal. Atlanta: Scholars Press, 1993, p. 49-50.

319. BIENKOWSKI, P. Iron Age Settlement in Edom: A Revised Framework. In: DAVIAU, P.M.M.; WEVERS, J.W.; WEIGL, M. (orgs.). *The World of the Aramaeans II*: Studies in History and Archaeology in Honour of Paul-Eugène Dion.

Glueck se revelou imaginário. Um estudo aprofundado dos achados realizado por Pratico[320] revelou não haver qualquer indício de atividade de fundição. Outro detalhe não menos importante é o de que nenhum achado do século X foi encontrado em Tell el-Kheleifeh; o primeiro assentamento significativo nesse local ocorreu somente no século VIII a.C.

Sobre o plano da arquitetura, o sítio apresenta duas estruturas maiores: um forte com casamata de aproximadamente 45 x 45 metros e uma fortaleza maior e mais tardia, medindo aproximadamente 75 x 75 metros que tem uma muralha maciça que Glueck e Pratico descrevem como um estabelecimento fortificado posterior. Baseando-se sobre o conjunto de cerâmicas, a primeira estrutura deveria provavelmente datar da primeira metade do século VIII e é possível que possa ser relacionada com o relato de 2Rs 14,22, segundo o qual o Rei Ozias "reconstruiu Elat e a restituiu a Judá"; isso pode ter tido lugar no período da hegemonia de Israel sobre essa região[321]. Levando-se em conta a cerâmica característica do Ferro IIB-C encontrada nesse sítio e a sua similaridade arquitetônica com Ein Haseva, a segunda fortaleza deveria ser interpretada como uma construção assíria.

As impressões em selo de Qosanal e o óstraco 6043[322] demonstram que, por volta de 600 a.C. esse lugar era habitado por edomitas. Fragmentos de cerâmica ática e óstracos em aramaico atestam alguma atividade em época persa, mas a natureza dessa atividade ainda não pôde ser estabelecida. De qualquer forma, após a retirada

---

Sheffield: Academic Press, 2001, p. 261. • SINGER-AVITZ, L. The Earliest Settlement. Op. cit., p. 78.

320. PRATICO, G.D. *Nelson Glueck's*. Op. cit.

321. FINKELSTEIN, I. The Archaeology of Tell el-Kheleifeh and the History of Ezion-geber/Elath. *Semitica*, n. 56, p. 105-136, 2014.

322. DIVITO, R. The Tell el-Kheleifeh Inscriptions. In: PRATICO, G.D. (org.). *Nelson Glueck's 1938-1940 Excavations at Tell el-Kheleifeh: A Reappraisal.* Atlanta: Scholars Press, 1993.

assíria do Levante, no final do século VII ou o controle de Edom por Nabonide em meados do século VII ou mais tarde, esse lugar entrou em declínio.

## Finon

Na Bíblia Hebraica esse sítio é mencionado unicamente na lista que resume as "etapas" no deserto (Nm 33,42-43). Ele deveria ser identificado com o Tell de Khirbet Faynan, situado na Arabá Oriental, cerca de 50 quilômetros ao sul do Mar Morto. Ocupado em diferentes períodos, esse local era conhecido à época romano-bizantina sob o nome de Phaeno. Esse é o maior sítio da região: estende-se sobre uma superfície de 15 hectares. Durante a exploração da superfície local foram coletadas cerâmicas nabateias, romanas e bizantinas[323]. Uma região situada ao norte do Tell revelou grandes quantidades de fragmentos da Idade do Ferro, alguns dos quais parecem datar "de antes do século VII"[324]. Alguns fragmentos do Ferro Tardio foram encontrados a sudoeste do tell[325]. Hauptmann[326] descreve um amontoado de resíduos imediatamente a leste do tell. Três determinações por $14^C$ de amostras coletadas nesse endereço indicam datas correspondentes ao Ferro IIA. Durante a primeira temporada de escavações arqueológicas no sítio, foi descoberta a cabeça de

---

323. BARKER, G.W.; CREIGHTON, O.H.; GILBERTSON, D.D.; HUNT, C.O.; MATTINGLY, D.J.; McLAREN S.J.; THOMAS, D.C.; MORGAN, G.C. The Wadi Faynan Project, Southern Jordan: A Preliminary Report on Geomorphology and Landscape Archaeology. *Levant*, n. 29, p. 21, 1997.

324. MATTINGLY, D. et al. The Making of Early States: The Iron Age and Nabataean Periods. In: BARKER, G.; GILBERTSON, D.; MATTINGLY, D. (orgs.). *Archaeology and Desertification, The Wadi Faynan Landscape Survey, Southern Jordan*. Oxford: Council for British Research in the Levant, 1997, p. 278-279.

325. BARKER, G.W. et al. Environment and Land Use in the Wadi Faynan, Southern Jordan: The Second Season of Geo archaeology and Landscape Archaeology. *Levant*, n. 30, p. 20-21, 1998.

326. HAUPTMANN, A. *The Archaeometallurgy of Copper: Evidence from Faynan, Jordan.* Berlim: Springer-Verlag, 2007, p. 97.

uma estatueta antropomorfa bastante semelhante às figuras do Ferro IIC encontradas em Horvat Qitmit[327].

Uma importante indústria de cobre no Ferro IIA foi observada em outros sítios vizinhos, particularmente em Khirbet en-Nahas[328]. A data da fortaleza que domina a superfície do sítio, Ferro IIA ou Ferro IIB-C, ainda é objeto de debate[329].

## *Edom*

De um ponto de vista geográfico, o texto bíblico faz referência ao território de Edom como a um território que se estende a oeste da Arabá; as vilas do Negeb bíblico (o Vale de Berseba) são localizadas "em direção à fronteira de Edom" (בגבול אדום – Js 15,21). A arqueologia demonstra que durante o Ferro IIC a cultura material edomita estava presente em locais como Horvat Qitmit (no Vale de Berseba) e Ein Haşeva (na Arabá Ocidental), na fronteira de Judá. No entanto, o texto bíblico e a arqueologia situam a parte central de Edom nas terras altas do sul da Transjordânia, a única região ao sul do Mar Morto onde alguma atividade agrícola sustentável era possível[330]. As escavações e as explorações realizadas sobre o planalto

---

327. LEVY, T.E. et al. The 2011 Edom Lowlands Regional Archaeology Project (ELRAP): Excavations and Surveys in the Faynan Copper Ore District, Jordan. *Annual of the Department of Antiquities in Jordan*, n. 56, p. 423-445, 2012.

328. LEVY, T.E. et al. Reassessing the Chronology of Biblical Edom: New Excavations and 14C Dates from Khirbet en-Nahas (Jordan). *Antiquity*, n. 78, p. 865-879, 2004.

329. LEVY, T.E. et al., Reassessing the Chronology (Op. cit.), por uma datação no Ferro IIA. • FINKELSTEIN, I.; PIASETZKY, E. 14C and the Iron Age Chronology Debate: Rehov, Khirbet en-Nahas, Dan and Megiddo (*Radiocarbon*, n. 48, p. 373-386, 2006), por uma datação no Ferro IIB-C.

330. Levy descreve a região de Wadi Faynan com o termo "terras baixas de Edom" (cf., p. ex., Levy et al. Édom. Op. cit.). No horizonte daquilo que me é possível avaliar, a atividade, nessa região, deveria ser relacionada com os territórios mais ao noroeste ao invés dos territórios de Edom, embora ela esteja geograficamente próxima do planalto. Cf. FINKELSTEIN, I. Khirbat en-Nahas, Edom and Biblical History. *Tel Aviv*, n. 32, p. 119-125, 2005.

de Edom não oferecem qualquer prova de atividade permanente durante o Bronze Recente[331]. Alguns sítios do Ferro I são conhecidos em Edom; mesmo que minha avaliação inicial[332] tenha sido relativamente exagerada[333], é evidente que alguns fragmentos do Ferro I foram encontrados em Buseirah e em Tawilan[334]. Até o momento, nenhum sítio do Ferro IIA foi identificado sobre o planalto edomita. Uma onda de assentamento se iniciou aí no final do século VIII, provavelmente relacionada à mudança que os assírios fizeram da principal rota comercial árabe de Darb el-Ghazza para o planalto leste da Arabá (cf. abaixo). A atividade de ocupação se intensificou e atingiu seu apogeu no final do século VII e no início do VI[335]. Edom foi conquistada por Nabonedo em 553 a.C.[336] e a isso se seguiu uma redução da atividade nesse sítio durante o Período Persa[337].

## Ein Haṣeva

Esse lugar, que corresponde provavelmente à Tamar bíblica[338], foi completamente escavado[339]. Os arqueólogos descrevem os ves-

---

331. BIENKOWSKI, P. Iron Age Settlement. Op. cit., p. 257, 265.

332. FINKELSTEIN, I. Edom in the Iron. *Levant*, n. 24, p. 159-166, 1992.

333. BIENKOWSKI, P. Iron Age Settlement. Op. cit.

334. Cerâmica do tipo Qurayyah. Cf. BIENKOWSKI, P. Iron Age Settlement. Op. cit., p. 262.

335. Ibid.

336. BARTLETT, J.R. *Edom and the Edomites.* Sheffield: Jsot Press, 1989, p. 157-161. • BIENKOWSKI, P. New Evidence on Edom in the Neo-Babylonian and Persian Periods. In: DEARMAN, J.A.; GRAHAM, M.P. (orgs.). *The Land that I will Show You* – Essays in the History and Archaeology of the Ancient Near East in Honour of J. Maxwell Miller. Sheffield: Academic Press, 2001, p. 198-213.

337. MacDONALD, B. et al. *The Tafila-Busayra Archaeological Survey 1999-2001, West-Central Jordan.* Boston: American Schools of Oriental Research, 2004, p. 58. • BIENKOWSKI, P. New Evidence (Op. cit.), que apresentam unicamente os achados do Período Persa em Buseirah e Tawilan.

338. AHARONI, Y. Tamar and the roads to Elath. *IEJ*, n. 13, p. 30-42, 1963.

339. A descrição mais detalhada e mais completa se encontra em COHEN, R.; YISRAEL, Y. The Iron Age Fortresses at 'En Hazeva. *BA*, n. 58, p. 223-235, 1995.

tígios da Idade do Ferro como representando três edifícios escavados. OS poucos vestígios (estrato 6) descobertos sob o portal da fortaleza principal (cf. abaixo) foram interpretados como parte de um forte do século X[340]. A camada da principal ocupação (estrato 5) revela vestígios de uma vasta fortaleza com casamata que data do Ferro II, com torres quadradas em cada ângulo e um portal com quatro câmaras, que mede 100 x 100 metros e protegida por um glacis de terra e um fosso. Os arqueólogos identificam duas fases: Na primeira, encontra-se uma estrutura de casamata de 50 x 50 metros. No decorrer de uma fase posterior, essa estrutura foi incorporada no ângulo nordeste de uma fortaleza maior. Eles atribuíram a edificação da fortaleza ao reino de Judá e dataram-na dos séculos IX-VIII. O estrato 4 contém poucos vestígios de uma fortaleza menor, estabelecida sobre os vestígios do estrato 5, datada do final do século VII e do início do VI e atribuída ao Rei Josias de Judá. Um pequeno santuário contendo um rico conjunto de vasilhames de culto foi descoberto nas imediações da parte externa do muro norte da fortaleza. Os achados foram interpretados como pertencendo a um lugar de culto edomita da mesma data do estrato 4. Até o momento atual nenhuma descoberta da época persa foi feita.

A falta de um relatório final de escavações impede qualquer tentativa de reconstruir a história de Ein Haṣeva. No entanto, podemos propor as seguintes observações: até agora nenhuma prova de alguma camada do Ferro IIA foi encontrada nesse sítio. Os vestígios atribuídos ao estrato 6 não parecem ser restos de uma fortaleza[341]. Os vestígios do estrato 5 devem ser considerados como a subestrutura da fortaleza que data do final do século VIII e/ou do século VII,

---

340. As escavações atuais nesse sítio revelaram indícios de atividade da época pré-assíria, provavelmente bastante similar à camada mais antiga de Tell el-Qudeirat (Erickson-Gini, comunicação oral).

341. Sobre uma situação parecida em Qadesh-Barnaa cf. FINKELSTEIN, I. Kadesh Barnea. Op. cit.

que deveria ser ligada ao controle assírio da rota comercial árabe através do planalto edomita e em direção à costa. A fortaleza apresenta algumas similaridades no plano e no método de construção com a fortaleza descoberta por Glueck em Tell el-Kheleifeh (cf. abaixo). Ela era provavelmente ocupada por autóctones: edomitas e possivelmente também judaítas. A natureza e a data dos vestígios do estrato 4 (se trataria somente de uma fortaleza?) ainda não foram totalmente esclarecidas. O santuário com seus utensílios de culto data da última fase da Idade do Ferro e era consagrado à divindade edomita Qos[342].

## *Kuntillet Ajrud*

Kuntillet Ajrud, provavelmente o mais importante sítio para a nossa discussão, está situado no deserto, em uma das vias de Darb el-Ghazza, a cerca de 50 quilômetros ao sul de Ein el-Qudeirat (Cades Barne). O sítio data da primeira metade do século VIII. Essa datação é claramente atestada pelo conjunto de cerâmica[343], as inscrições[344] e a avaliação dos resultados de análise por $C^{14}$[345] de amostras de curta duração, ainda não publicadas, que sustentam essa datação[346]. Os achados indicam uma forte ligação com o reino

---

342. BECK, P. Horvat Qitmit Revisited *via* En Hazeva. *Tel Aviv*, n. 23, p. 102-114, 1996. • BEN-ARIEH, S. Temple Furniture from a Favissa at En Hazeva. *'Atiqot, n.* 68, p. 107-175, 2011.

343. AYALON, E. The Iron Age II Pottery Assemblage from Horvat Teiman (Kuntillet 'Ajrud). *Tel Aviv*, n. 22, p. 141-205, 1995. • FRUED, L. The Date of Kuntillet 'Ajrud: A Reply to Lily Singer-Avitz. *Tel Aviv*, n. 35, p. 169-174, 2008. Em oposição, SINGER-AVITZ, L. The Date of Kuntillet 'Ajrud. *Tel Aviv*, n. 33, p. 196-228, 2006.

344. LEMAIRE, A. Date et origine des inscriptions hébraiques et phéniciennes de Kuntillet 'Ajrud. *Studi Epigrafici e Linguistici*, n. 1, p. 131-143, 1984.

345. FINKELSTEIN, I.; PIASETZKY, E. The Date of Kuntillet 'Ajrud: The 14C Perspective. *Tel Aviv*, n. 35, p. 175-185, 2008, com indicação bibliográfica.

346. BOARETTO, E. Conferência na Universidade de Tel Aviv, jan./de 2013. Para diferentes interpretações sobre os achados do sítio, cf. MESHEL, Z. *Kuntillet 'Ajrud (Horvat Teman)*: An Iron Age II Religious Site on the Judah-Sinai Border.

do Norte[347], e o conjunto cerâmico demonstra uma certa relação com Judá[348].

Em relação às inscrições[349], as mais importantes para o objetivo desse texto são aquelas que fazem referência a YHWH da Samaria, que aparece uma vez na Inscrição 3.1 (cf. tb. a Inscrição 3.8); YHWH de Temã ou YHWH do Temã (Inscrições 3.6 e 3.9, com uma referência e Inscrição 4.1.1[350], com duas referências) e, possivelmente, a referência a um rei de Israel nas Inscrições 3.1, 3.6 e 3.9 e em uma inscrição que foi omitida na publicação final[351]. A essas

---

Jerusalém: Israel Exploration Society, 2012, p. 68. • AHITUV, S.; ESHEL, E.; MESHEL, Z. The Inscriptions. In: MESHEL, Z. (org.). *Kuntillet 'Ajrud (Horvat Teman)*: An Iron Age II Religious Site on the Judah-Sinai Border. Jerusalém: Israel Exploration Society, 2012, p. 73-142. • NA'AMAN, N. The Inscriptions of Kuntillet 'Ajrud Through the Lens of Historical Research. *Ugarit-Forschungen*, n. 43, p. 1-43, 2012, com referência às diferentes discussões.

347. Para uma visão geral, cf., MASTIN, B.A. Who Built and who Used the Buildings at Kuntillet 'Ajrud? In: AITKIN, J.K.; DELL, K.J.; MASTIN, B.A. (orgs.). *On Stone and Scroll*: Essays in Honour of Graham Ivor Davies. Berlim: De Gruyter, 2011, p. 69-85. • Sobre a cerâmica, cf. AYALON, E. The Iron Age II. Op. cit. • GUNNEWEG, J.; PERLMAN, I.; MESHEL, Z. The Origin of the Pottery of Kuntillet 'Ajrud. *Israel Exploration Journal*, n. 35, p. 270-283, 1985. Sobre as inscrições, cf. LEMAIRE, A. Date et origine. Op. cit. • MASTIN, B.A. The Theophoric Elements *yw* and *yhw* in Proper Names in Eight-Century Hebrew Inscriptions and the Proper Names at Kuntillet 'Ajrud. *Zeitschrift für Althebräistic*, n. 17-20, p. 109-135, 2004-2007. • MASTIN, B.A. The Inscriptions Written on Plaster at Kuntillet 'Ajrud. *Vetus Testamentum*, n. 59, p. 99-115, 2009. • AHITUV, S.; ESHEL, E.; MESHEL, Z.; ORNAN, T. The Inscriptions. Op. cit. p. 95, 126-129. • NA'AMAN, N. The Inscriptions. Op. cit.

348. AYALON, E. The Iron Age II. Op. cit. • GUNNEWEG, J.; PERLMAN, I.; MESHEL, Z. The Origin. Op. cit. Para uma visão contrária referente à língua das inscrições em alfabeto fenício e a identidade dos autores (do hebraico escritos por habitantes de Judá e do fenício escrito por habitantes de Tiro), cf. AHITUV, S.; ESHEL, E.; MESHEL, Z. The Inscriptions. Op. cit., p. 130. • LEMAIRE, A. Remarques sur les inscriptions phéniciennes de Kuntillet 'Ajrud. *Semitica*, n. 55, p. 83-99, 2013, respectivamente.

349. AHITUV, S.; ESHEL, E.; MESHEL, Z. The Inscriptions. Op. cit. • NA'AMAN, N. The Inscriptions (Op. cit.), com indicações bibliográficas.

350. Segundo NA'AMAN, N. The Inscriptions (Op. cit., p. 10), três vezes.

351. Ibid., p. 4-5 e 8-9.

observações eu adicionaria que Na'aman propõe identificar uma referência ao relato do êxodo na Inscrição 4.3 em gesso[352].

Quanto aos desenhos, o mais significativo para este artigo é a possível representação do rei de Israel sentado sobre seu trono, gravado em gesso no *hall* de entrada[353]. Ornan também desenvolveu recentemente uma interpretação dos desenhos como cenas reais[354].

## O que os autores bíblicos sabiam a respeito do deserto do Sul?

Vamos começar pelo período das últimas redações do texto pelos escribas sacerdotais (P) e pós-P[355] na época persa. A província de Yehud, com seus poucos habitantes e população restrita, não se estendia ao Sul, para além de Beth-Zur[356]. Nessa época não houve presença de judeus nas colinas meridionais de Hebron ou no Vale de Berseba. E embora alguns sítios do Período Persa tenham sido descobertos nos planaltos do Negeb[357], a atividade nos principais sítios do Sul era tímida: Tell el-Qudeirat perdeu sua importância; Tell el-

---

352. Ibid, p. 12-14.

353. BECK, P. The Art of Palestine during the Iron Age II: Local Traditions and External Influences (10th-8th Centuries BCE). In: UEHLINGER, C. (org.). *Images as Media*: Sources for the Culture History of the Near East and the Eastern Mediterranean (1st Millennium BCE). Friburgo: University Press, 2000, p. 180-181. • NA'AMAN, N. The Inscriptions. Op. cit., p. 2-3.

354. ORNAN, T. Drawings from Kuntillet 'Ajrud. In: AHITUV, S.; ESHEL, E.; MESHEL, Z.; ORNAN, T. *To Yahweh Teiman and his Ashera, the Inscriptions and Drawings from Kuntillet 'Ajrud (Horvat Teman) in Sinai.* Jerusalém: Israel Exploration Society, 2015, p. 43-69.

355. RÖMER, T. Israel's Sojourn in the Wilderness and the Construction of the Book of Numbers. In: REZETKO, R.; LIM, T.H.; AUCKER, W.B. (orgs.). *Reflection and Refraction* – Studies in Biblical Historiography in Honour of A. Graeme Auld. Leiden: Brill, p. 419-445.

356. FINKELSTEIN, I. The Territorial Extent and Demography of Yehud/Judea in the Persian and Early Hellenistic Periods. *Revue Biblique*, n. 117, p. 39-54, 2010.

357. COHEN, R.; COHEN-AMIN, R. *Ancient Settlement of the Negev Highlands* – Vol. II: The Iron Age and the Persian Period. Jerusalém: Israel Antiquities Authority, 2004, p. 159-201.

-Kheleifeh também parece ter assistido a um declínio; Ein Haṣeva não estava ocupada; não há qualquer indício significante de presença em Wadi Faynan durante o Período Persa e a atividade sobre o Planalto de Edom era pouco expressiva. Em tais circunstâncias, o conhecimento do deserto do Sul pelos autores sacerdotais (P) deveria ser, na melhor das possibilidades, fragmentário[358]. Por conseguinte, os topônimos que aparecem nos relatos sobre a caminhada pelo deserto e nos itinerários dificilmente podem representar as realidades do Período Persa. Isso significa que os materiais bíblicos discutidos aqui estão calcados sobre fontes mais antigas, que refletem realidades anteriores[359]. Nos parágrafos seguintes, eu buscarei identificar o contexto dessas eventuais fontes, recuperando cada uma das etapas, das mais tardias às mais antigas.

Nos últimos decênios de sua história, após a retirada assíria da região, Judá ainda exercia uma forte presença no Vale de Berseba. Mais a sudoeste, as descobertas do Ferro IIC em Cades Barne indicam que o forte continuou em operação após a retirada assíria. Outros indícios demonstram que Judá ainda continuava atuando na região ao final do século VII; refiro-me aos óstracos hebraicos afins com uma datação de *ca.* 600 a.C.[360] e a outros óstracos contemporâ-

---

358. A impressão em selo "Yehud" de Tell el-Qudeirat (VANDERHOOFT, D.; LIPSCHITS, O. A New Typology. Op. cit., p. 27) deve ser considerada como um achado casual, assim como uma impressão em selo similar encontrada na Babilônia.

359. Sobre a perspectiva do texto, cf. NOTH, M. *Numbers*. Op. cit. p. 243. • NOTH, M. *A History*, p. 224-227. • FRITZ, V. *Israel*. Op. cit., p. 116-117. • DAVIES, G.I. Wilderness Itineraries and the Composition. Op. cit. • DAVIES, E.W. *Numbers*. Op. cit., p. 342.

360. LEMAIRE, A.; VERNUS, P. Les ostraca paléo-hébreux de Qadesh-Barnéa. *Orientalia*, n. 49, p. 341-345, 1980. • LEMAIRE, A.; VERNUS, P. L'ostracon paléo-hébreu No. 6 de Tell Qudeirat (Qadesh-Barnéa). In: GÖRG, M. (org.). *Fontes atque pontes* – Fine Festgabe für Hellmut Brunner. Wiesbaden: Harrassowitz, 1983, p. 302-326. • COHEN, R. Inscriptions. In: COHEN, R.; BERNICK-GREENBERG, H. (orgs.). *Excavations at Kadesh Barnea (Tell el-Qudeirat) 1976-1982*. Jerusalém: Israel Antiquities Authority, 2007, p. 245-254.

neos de Arad, que parecem fazer referência a unidades militares do reino de Judá em movimentação no deserto[361]. Há, portanto, indícios suficientes de um bom conhecimento do deserto no reino de Judá, antes de sua destruição. A importância de Judá na rede de comércio árabe no Sul é atestada na inscrição sabaean, datada de *ca.* 600 a.C., que faz referência às "cidades de Judá"[362].

Foi durante o "século assírio" (entre *ca.* 730 e 630 a.C.) que se comprovou a mais importante atividade de Judá no deserto do Sul. A assíria transferiu o traçado da rota do comércio árabe de Dar bel-Ghazza, difícil de controlar, isolada e árida, para o planalto de Edom e o Vale de Berseba, regiões dominadas pelos reinos vassalos de Judá e Edom. Nesse período, o Vale de Berseba conheceu o apogeu de sua prosperidade[363]. Nas cidades e fortes que se encontravam nessa região e, de modo particular, nos mercados e estalagens, como aqueles descobertos em Aroer[364], mercadores e membros da administração de Judá estavam em contato com os edomitas e os árabes do deserto[365]. As informações sobre o Sul poderiam também ter sido transmitidas por mercadores árabes que viajavam

---

361. O óstraco 2 descreve as provisões necessárias para uma viagem de quatro dias, o que corresponderia a uma vigem a Cades Barne. Cf. AHARONI, Y. *Arad Inscriptions.* Jerusalém: Israel Exploration Society, 1981, p. 15, 145.

362. BRON, F.; LEMAIRE, A. Nouvelle inscription sabéenne et le commerce en Transeuphratene. *Transeuphratène*, n. 38, p. 11-29, 2009. • LEMAIRE, A. New Perspectives on the Trade between Judah and South Arabia. In: LUBETSKI, M. (org.). *New Inscriptions and Seals Relating to the Biblical World.* Atlanta: Society of Biblical Literature, 2012, p. 93-110.

363. FINKELSTEIN, I. Comments on the Date of Late-Monarchic Judahite Seal Impressions. *Tel Aviv*, n. 39, p. 203-211, 2012 – contrário a LIPSCHITS, O.; SERGI, O.; KOCH, I. Judahite Stamped and Incised Jar Handles: A Tool for Studying the History of Late Monarchic Judah. *Tel Aviv*, n. 38, p. 5-41, 2011.

364. THAREANI-SUSSELY, Y. Ancient Caravanserais: An Archaeological View from 'Aroer. *Levant*, n. 39, p. 123-141, 2007. • THAREANI, Y. *Tel 'Aroer*: The Iron Age II Caravan Town and the Hellenistic-Early Roman Settlement. Jerusalém: Hebrew Union College, 2011, p. 301-307.

365. Para as inscrições em hebraico, edomita e sudarábicas encontradas em Aroer, cf. THAREANI, Y. *Tel 'Aroer.* Op. cit. p. 223-228.

para Jerusalém[366]. Para além do Vale de Berseba, os assírios controlavam as rotas comerciais do deserto a partir de quatro principais fortes: Cades Barne a leste, uma fortaleza judaíta cuja edificação provavelmente tenha sido ordenada pela Assíria a fim de garantir segurança à movimentação das pessoas e mantimentos ao longo de Darb el-Ghazza; os imponentes fortes assírios de Ein Haṣeva e Tell el-khelleifeh, que provavelmente eram mantidos pelas populações autóctones, edomitas, árabes e possivelmente também Judaítas[367]; assim como o centro administrativo imperial edificado sobre um vasto platô em Buseirah. Em Cades Barne e, possivelmente também em Ein Haṣeva, os Judaítas também puderam ter servido à administração assíria e, consequentemente, ter viajado para lugares mais distantes, tais com Buseirah e Tell el-Khelleifeh.

Esse conhecimento do deserto encontra sua expressão em uma série de referências bíblicas. A descrição, por Ezequiel, da fronteira meridional da terra de Canaã (47,19; 48,28) baseia-se em dois lugares: Tamar, a leste, e Cades Barne a oeste. É ainda necessário observar o conhecimento geográfico detalhado, inclusive de uma das rotas do deserto, expresso na descrição da fronteira sul da tribo de Judá em Js 15,2-3. Esse conhecimento do Sul também pode ser constatado em Gn 14: esse capítulo é composto por diferentes camadas redacionais das quais uma parte é tardia (talvez até mesmo helenística)[368], mas o itinerário da campanha militar que menciona El-Farã (Elat), a Fonte do Julgamento (Enmishpat; i. é, Cades) e Haçaçon-Tamar (v. 6 e 7) baseiam-se sobre centros de controle

---

366. SHILOH, Y. South Arabian Inscriptions from the City of David, Jerusalem. *Palestine Exploration Quarterly*, n. 119, p. 9-18, 1987. • LEMAIRE, A. New Perspectives. Op. cit., 2012.

367. Sobre a Assíria e as três fortificações, cf. NA'AMAN, N. An Assyrian Residency. Op. cit., p. 267-268.

368. GRANERØD, G. *Abraham and Melchizedek*: Scribal Activity of Second Temple Times in Genesis 14 and Psalms 10. Berlim: De Gruyter, 2010.

assírios bem conhecidos no Sul[369]. Esse conhecimento se expressa no relato sobre a caminhada pelo deserto no qual Cades desempenha um papel importante (é verdade, no entanto, que a ausência de Tamar impõe algum problema). Não é necessário dizer que a história do rei de Edom recusando que os israelitas cruzem seu território (Nm 20,14-21) também encontra um ponto de contato no período que se estende do final do século VIII ao início do século VI, o único momento ao longo da Idade do Ferro e do Período Persa em que um reino poderoso existiu nessa região.

Isso me leva aos anos anteriores a 720 a.C. e àquilo que eu considero como a questão mais interessante: a origem da importante tradição do êxodo e da caminhada no deserto no reino do Norte, tal como expressa nos livros de Oseias e Amós[370]. O sítio-chave para abordar essa questão é Kuntillet Ajrud, que data da primeira metade do século VIII, no tempo de Jeroboão II 788-747 a.C.

Vários dados parecem indicar a existência, ainda antes do século IX, de uma rota comercial árabe terrestre[371]. Na sua extremidade noroeste, o antigo comércio árabe pode ter alcançado a costa mediterrânea ao longo de uma das duas seguintes rotas: pelo planalto de Edom (antes da emergência de um reino territorial em Edom) ou por Darb el-Ghazza. Essa última rota era a alternativa mais curta,

---

369. Sobre uma relação possível entre os itinerários da campanha militar em Gn 14 e a caminhada no deserto (na direção oposta), cf. GRANERØD, G. *Abraham*. Op. cit., p. 106-107.

370. HOFFMAN, Y. *The Doctrine*. Op. cit. HOFFMAN, Y. A North Israelite. Op. cit. • DOZEMAN, T.B. Hosea. Op. cit. Não há qualquer indício de alguma importância dada à tradição sobre o êxodo/caminhada no deserto em Judá antes de 720 a.C. Não há qualquer referência a esse relato nos textos proféticos antigos de Judá (HOFFMAN, Y. A North Israelite. Op. cit., p. 181-182). Isso é particularmente significativo dada a presença de judaítas em Kuntillet-Ajrud.

371. LIVERANI, M. Early Caravan Trade between South-Arabia and Mesopotamia (*Yemen*, n. 1, p. 111-115, 1992) sobre os contatos com a Mesopotâmia. Cf. tb. SASS, B. *The Alphabet at the Turn of the Millennium*. Tel Aviv: Tel Aviv University, 2005, p. 118. • JASMIN, M. Les conditions d'émergence de la route de l'encens a la fin du IIe millénaire avant notre ere. *Syria*, n. 82, p. 49-62, 2005.

mas a mais difícil, por causa da ausência de fontes de água. No século IX, o comércio do deserto provavelmente era dominado por Gat e Damasco[372]. Essa situação mudou com a expansão da Assíria e sob Adadenirari III e o declínio de Damasco nos últimos anos do século IX. O texto de Adadenirari que menciona Edom[373] parece indicar que ele herdou a hegemonia de Damasco no Sul. A Assíria garantiu seus interesses na região fortalecendo o reino do Norte como aliado/vassalo. Provavelmente, desde o reinado de Joás (de quem a estela de Tell el-Rimah indica que pagou tributo a Adadenirari), o reino do Norte controlava os territórios antes governados por Damasco. Se consideramos 2Rs 14,8-14 como relato histórico, Israel também teria submetido Judá. A prosperidade e a dominação de Israel no Sul se fortaleceram durante o tempo de Jeroboão II (cf., p. ex., 2Rs 14,25).

Os achados de Kuntillet Ajrud indicam que, na primeira metade do século VIII, Israel dominava não somente as planícies do Sul, mas também a rota do comércio no deserto ao longo de Darb el--Ghazza e de sua saída. Inscrições[374] e desenhos[375] descobertos nesse sítio indicam uma importante implicação de um monarca israelita nesse lugar, muito provavelmente Jeroboão II, a ponto de Ornan considerar Kuntillet Ajrud como uma etapa real da rota comercial. Independentemente de qual fosse a atividade cumprida nesse local[376], a principal questão que nos diz respeito aqui é a menção, em uma inscrição, de "YHWH de Temã" e de "YHWH da Samaria".

---

372. Antes e depois de 830 a.C., cf. FINKELSTEIN, I. The Southern Steppe of the Levant ca. 1050-750 BCE: A Framework for a Territorial History. *Palestine Exploration Quarterly*, n. 146, p. 89-104, 2014.

373. COGAN, M. *The Raging Torrent*: Historical Inscriptions from Assyria and Babylonia Relating to Ancient Israel. Jerusalém: Carta, 2008, p. 34-35.

374. NA'AMAN, N. The Inscriptions. Op. cit.

375. ORNAN, T. The Drawings. Op. cit.

376. Cf. uma síntese sobre os achados desse sítio em NA'AMAN, N. The Inscriptions. Op. cit. • MESHEL, Z. *Kuntillet 'Ajrud*. Op. cit., p. 65-69.

Em Kuntillet Ajrud, o culto parece ter sido dedicado a YHWH de Temã, ou seja, YHWH das regiões áridas do Sul, e Asherah[377]. Temã é mencionada na Bíblia Hebraica em relação com Edom, mas também com Dadã no noroeste da Arábia (Jr 49,7-8). Deve-se observar as palavras de Habacuc "Eloá vem de Temã, e o Santo do Monte Farã" (Hab 3,3)[378].

YHWH da Samaria deve provavelmente ser compreendido como a divindade protetora da capital do reino do Norte[379]. De fato, a inscrição parece se referir a um templo de YHWH na Samaria[380], ao qual é igualmente possível que Os 8,6 faça alusão[381]. Conforme mencionamos, o reino do Norte mantinha dois mitos fundacionais: o ciclo de Jacó[382] e o relato sobre o êxodo e da caminhada no deserto[383]. A camada antiga dos relatos sobre Jacó tratava da fundação de templos em Fanuel e Betel. Essa tradição evi-

---

377. Asherat, segundo NA'AMAN, N. The Inscriptions. Op. cit.

378. Sobre essas e outras referências ligadas a Temã, Farã e o Sinai, cf. AHITUV, S.; ESHEL, E.; MESHEL, Z.; ORNAN, T. (orgs.). The Inscriptions. Op. cit., p. 96, 130.

379. Comparável a YHWH de Jerusalém na inscrição de Beit Lei. Cf., p. ex., LEMAIRE, A. Date et origine. Op. cit.

380. KEEL, O.; UEHLINGER, C. Gods, Goddesses and Images of Gods in Ancient Israel. Mineápolis: Fortress Press, 1998, p. 228. • DIJKSTRA, M. El, the God of Israel – Israel, the People of Yhwh: On the Origins of Ancient Israelite Yahwism. In: BECKING, B.; DIJKSTRA, M.; KORPEL, M.C.A.; VRIEZEN, J.H. (orgs.). Only One God? Monotheism in Ancient Israel and the Veneration of the Goddess Asherah. Sheffield: Academic Press, 2001, p. 116. • SCHMID, K. Genesis. Op. cit., p. 53.

381. ZEVIT, Z. The Religions of Ancient Israel: A Synthesis of Parallactic Approaches. Londres: Continuum, 2001, p. 391.

382. P. ex., PURY, A. Le cycle de Jacob comme legende autonome des origines d'Israël. In: EMERTON, J.A. (org.). Congress Volume Leuven 1989. Leiden: Brill, 1991, p. 78-96. "Family tradition", segundo VAN DER TOORN, K. Family. Op. cit., p. 287-315.

383. "State tradition", segundo VAN DER TOORN, K. Family, p. 287-315. Para uma ligação temática entre os relatos de Moisés e Jeroboão I, cf. ALBERTZ, R. Exodus. Op. cit. • SCHMID, K. The Old Testament. Op. cit., p. 83, com indicações bibiográficas.

dentemente foi preservada nesses dois santuários[384]. Mas existia aí um santuário diretamente ligado à tradição do êxodo e da caminhada no deserto? Somente se essa tradição também tenha sido venerada em Betel[385]. O templo de YHWH na Samaria é provavelmente uma opção melhor[386]. A forte ligação existente entre Kuntillet Ajrud e o rei de Israel, além da descoberta nesse sítio de uma inscrição possivelmente relativa ao êxodo, poderia sustentar essa hipótese.

Nesse contexto, é claro que os habitantes do reino do Norte, inclusive mercadores e membros da administração da Samaria, frequentavam o sítio de Kuntillet Ajrud, em particular, e de Darb el-Ghazza, em geral, assim como a extremidade do Golfo de Aqaba (Asiongaber). Nesses locais, eles devem ter tido contato com os nômades locais envolvidos no comércio do Sul. Por sua própria experiência e por seus contatos, esses israelitas puderam recolher conhecimentos sobre os lugares e os caminhos do grande deserto, principalmente aqueles situados entre a extremidade do Golfo de Aqaba e a costa mediterrânea.

Nesse sentido, cabe abordar os topônimos que, na Bíblia Hebraica, aparecem unicamente na lista de Nm 33, mas que estão ausentes do relato de Êxodo-Números, dos itinerários do Deuteronômio e de todos os outros textos bíblicos. Trata-se de Dafca e Alus (v. 12-14); o grupo de doze lugares de Retma a Hesmona (v. 18-30); Ebrona (v. 33-35); Salmona e Finon (v. 41-43). À ex-

---

384. Sobre a importância de Betel no século VIII a.C., cf. FINKELSTEIN, I.; SINGER-AVITZ, L. Reevaluating Bethel. *Zeitschrift des Deutschen Palästina-Vereins*, n. 125, p. 33-48, 2009.

385. Cf., p. ex., VAN DER TOORN, K. *Family* (Op. cit., p. 289), que considera o êxodo como uma tradição de Efraim. • DOZEMAN, T.B. *A Farewell*. Op. cit., p. 55. • MAYES, A.D.H. Pharaoh Shishak's Invasion of Palestine and the Exodus from Egypt. In: BECKING, B. (org.). *Between Evidence and Ideology.* Leiden: Brill, 2011, p. 136.

386. Sobre o fato de que esse templo tivesse seus próprios escritos relativos ao culto, cf. SCHMID, K. *The Old Testament*, p. 53.

ceção de Finon, nenhum desses topônimos pode ser identificado. Eles provavelmente provêm de uma fonte diferente, independente[387], ligada ao reino do Norte e que data provavelmente do século VIII. Esses lugares originalmente faziam parte de um itinerário de peregrinação?[388] Esse tal itinerário tinha alguma relação com um relato de viagem de Elias ao Horeb, descrito em 1Rs 19?[389] Essa rota de peregrinação estaria ligada a Kuntillet Ajrud? Essas são questões difíceis de responder. No entanto, um elemento é claro: esses lugares não tinham qualquer relevância para os escribas de Judá no século VII.

Isso é o mais distante que podemos remontar no tempo para tentar responder à questão proposta no início deste capítulo pela qual eu me perguntava quais eram os conhecimentos dos autores bíblicos sobre o deserto do Sul e em que momento e de que maneira eles os adquiriram.

## As raízes da tradição sobre o êxodo e sobre a caminhada no deserto

É evidente que Oseias e Amós não "inventaram" a tradição do êxodo e da caminhada no deserto. Qual seria, então, a fonte dessa tradição do século VIII no reino do Norte? Até que momento do passado é possível remontá-la? Todas as tentativas para identificar um "episódio no Egito" no século XIII que poderiam corresponder

---

387. NOTH, M. *Numbers*. Op. cit., p. 243. • DAVIES, E.W. *Numbers*. Op. cit.

388. NOTH, M. Der Wallfahrtsweg. Op. cit. • NOTH, M. *Numbers*. Op. cit., p. 245-246. • KNIERIM, R.P.; COATS, G.W. *Numbers*. Grand Rapids: Eerdmans, 2005, p. 309.

389. Embora o texto atual de 1Rs 19 possa representar redações tardias (cf. SCHMID, K. Genesis. Op. cit., p. 60, com indicações bibliográficas) e que "Horeb" seja uma expressão deuteronomista (cf. DOZEMAN, T.B. *God*, p. 67-68), é possível que a origem da tradição remonte ao século IX a.C. (cf. WHITE, M. *The Elijah Legends and Jehu's Coup*. Atlanta: Scholars Press, 1997).

ao relato sobre o êxodo[390] estão fadadas ao fracasso[391]. Portanto, uma explicação mais contextualizada deve ser buscada. Na ausência de provas claras no texto bíblico e entre as fontes egípcias, assim como sobre o plano arqueológico, somos forçados a nos engajar sobre o terreno da especulação histórica.

Redford sugeriu que a tradição do êxodo encontraria sua fonte em uma memória da expulsão dos cananeus da região do Delta do Nilo no século XVI a.C.[392] Na'aman, por sua vez, argumentou que o relato bíblico preservou a memória da opressão infligida contra o povo de Canaã pela administração egípcia no final do Bronze II-III, nos séculos XIII e XII[393]. Bietak e Römer também buscaram as raízes da tradição do êxodo e de Moisés no Bronze Recente[394]. O problema dessas teorias é que elas não explicam por que essas memórias foram preservadas e promovidas no reino do Norte. As planícies do Sul (a Sefelá e a planície costeira meridional) seriam uma região mais propícia. A reminiscência de uma expulsão do Delta do Nilo no final do Bronze Médio deveria ter sido preservada na planície costeira meridional e na região de Besor. Inscrições hieráticas assim como outros achados arqueológicos indicam que foi nas planícies do Sul que, no século XII, a opressão econômica foi mais forte, ao passo que, no Norte, o jugo egípcio deve ter sido particu-

---

390. P. ex., HALPERN, B. The Exodus. Op. cit. • KITCHEN, K.A. Egyptians. Op. cit. • HOFFMEIER, J.K. *Israel*. Op. cit. • HOFFMEIER, J.K. *Ancient Israel*. Op. cit.

391. FINKELSTEIN, I.; SILBERMAN, N.A. *The Bible*. Op. cit., 2002, p. 48-71.

392. REDFORD, D.B. An Egyptological Perspective on the Exodus Narrative. In: RAINEY, A.F. (org.) *Egypt, Israel, Sinai*: Archaeological and Historical Relationships in the Biblical Period. Tel Aviv: Tel Aviv University, 1987, p. 150-151.

393. NA'AMAN, N. The Exodus (Op. cit.), na sequência de HENDEL, R. The Exodus in Biblical Memory. *Journal of Biblical Literature*, n. 120, 2001, p. 601-608.

394. BIETAK, M. Comments on the "Exodus". In: RAINEY, A.F. (org.). *Egypt, Israel, Sinai*: Archaeological and Historical Relationships in the Biblical Period. Tel Aviv: Tel Aviv University, 1987, p. 163-171. • RÖMER, T. *Moïse*: "Lui que Yahvé a connu face à face". Paris: Gallimard Découvertes, 2002, p. 54-67.

larmente sentido nos vales ao redor de Meguido e Meth-Shean (a fortaleza egípcia mais imponente da região), e não nas terras altas. Aí, de fato, o controle egípcio era significativamente mais frágil, como demonstram as manobras militares de Labayu de Siquém e de seus filhos, no decorrer do período de Amarna. Não há indício de pressão econômica egípcia nessa região. Na verdade, nessa época, os planaltos, inclusive as colinas do norte da Samaria, tinham uma população pouco numerosa. Enfim, deve-se notar que a situação em Canaã no Bronze Recente não é mencionada em qualquer outro texto da Bíblia Hebraica. Em resumo, se se deseja ter uma perspectiva completa sobre a origem da tradição do êxodo, deve-se buscar um elemento de alguma memória especificamente ligada aos planaltos do Norte e à sua população e que seja cronologicamente mais próxima da época de Oseias e de Amós.

Em vários textos recentes, evoquei o papel desempenhado pela XXII dinastia egípcia, de modo especial, pela campanha militar do Faraó Sheshonq I, no declínio da primeira entidade territorial do norte de Israel, centrada sobre a região de Gabaon-Gibea ao norte de Jerusalém, no final do Ferro I[395]. A entidade territorial Gabaon-Gibea foi sucedida pelo reino do Norte, cujo centro se encontrava inicialmente na região de Siquém-Tirça. Além disso, a criação dessa identidade também pode ter ligação com a campanha de Sheshonq I[396]. A versão da LXX de 1Rs 12, "a história alternativa" da divisão da monarquia unificada, faz alusão a um possível envolvimento do Egito na história de Jeroboão I, o fundador do reino do

---

395. FINKELSTEIN, I. The Last Labayu: King Saul and the Expansion of the First North Israelite Territorial Entity. In: AMIT, Y.; BEN ZVI, E.; FINKELSTEIN, I.; LIPSCHITS, O. (orgs.). *Essays on Ancient Israel in its Near Eastern Context* – A Tribute to Nadav Na'aman. Winona Lake: Eisenbrauns, 2006, p. 171-177. Mais recentemente, FINKELSTEIN, I.; FANTALKIN, A. Khirbet Qeiyafa: An Unsensational Archaeological and Historical Interpretation. *Tel Aviv*, n. 39, p. 38-63, 2012.

396. FINKELSTEIN, I. Tell el-Farah (Tirzah) and the Early Days of the Northern Kingdom. *Revue Biblique*, n. 119, p. 331-346, 2012.

Norte. Os pesquisadores divergem a respeito da importância desse texto, sobre a possibilidade de que ele reflita uma fonte pré-deuteronomista[397] ou seja simplesmente um *midrash* tardio[398]. Van der Toorn e Albertz sugeriram que o relato sobre o êxodo possa ter tido uma função de mito fundacional ou de relato de ação de graças do período do reino de Jeroboão I[399]. Algumas memórias desses acontecimentos podem ter sido preservadas na região de Betel e de Siquém. Essas memórias podem ter sido integradas a tradições mais antigas sobre a libertação do jugo do Egito por YHWH, que eram originárias das planícies e foram transmitidas aos planaltos quando da expansão de Israel sobre os vales do Norte[400]. Se, de fato, a "história alternativa" da divisão da monarquia unificada se baseia sobre uma fonte pré-deuteronomista, e se uma figura de Moisés já existia nessa fase antiga[401], um fator adicional pode ter motivado a adaptação dessa tradição: a similaridade das temáticas entre a biografia de Moisés e a de Jeroboão I[402].

A tradição da libertação do Egito se tornou um dos dois mitos fundacionais de Israel. Nos primórdios do reino do Norte, essa ain-

---

397. SCHENKER, A. Jeroboam and the Division of the Kingdom in the Ancient Septuagint: LXX 3 Kingdoms 12.24 A-Z, MT 1 Kings 11-12; 14 and the Deuteronomistic History. In: PURY, A.; RÖMER, T.; MACCHI, J.-D. (orgs.). *Israel Constructs its History*: Deuteronomistic History in Recent Research. Sheffield: Academic Press, 2000, p. 214-257. • SCHENKER, A. Jeroboam's Rise and Fall in the Hebrew and Greek Bible. *Journal for the Study of Judaism*, n. 39, p. 367-373, 2008.

398. TALSHIR, Z. *The Alternative Story of the Division of the Kingdom*. Jerusalém: Simor, 1993. • SWEENEY, D. A Reassessment of the Masoretic and Septuagint Versions of the Jeroboam Narratives in 1 Kings/3 Kingdoms 11-14. *Journal for the Study of Judaism*, n. 38, p. 165-195, 2007.

399. VAN DER TOORN, K. *Family*, p. 287-315. • ALBERTZ, R. Exodus. Op. cit.

400. Sobre as tradições antigas relativas à libertação do fardo egípcio, cf. DOZEMAN, T.B. Hosea. Op. cit., p. 62, 69.

401. SMEND, R. Mose als geschichtliche Gestalt. *Historische Zeitschrift*, n. 260, p. 1-19, 1995. • BLUM, E. Der historische Mose und die Frühgeschichte Israels. *Hebrew Bible and Ancient Israel*, n. 1, p. 37-63, 2012.

402. ALBERTZ, R. Exodus. Op. cit. • SCHMID, K. *The Old Testament*. Op. cit. p. 83, com referências bibliográficas.

da era uma tradição oral, mas, não é possível saber se, nessa fase de formação, ele já incluía um elemento ligado à caminhada no deserto. Da mesma forma, não é possível afirmar se, nesse momento, já existia alguma "ligação" entre o ciclo de Jacó e o relato sobre o Egito/êxodo.

## Síntese

Portanto, eu resumiria, a minha hipótese sobre o desenvolvimento da tradição do êxodo e da caminhada no deserto partindo, inicialmente, dos períodos mais antigos e, em seguida, tratando dos períodos mais recentes, insistindo, no entanto, sobre uma memória cultural de longa duração[403], mais do que sobre um acontecimento pontual, específico.

O seu início é vago e ainda não pode ser rastreado. As memórias das relações problemáticas entre o Egito e a população de Canaã entre o século XVI e X podem ter se acumulado de forma gradual e ter evoluído, entre os habitantes da região, em direção a uma forte tradição da libertação do jugo egípcio. As raízes dessa tradição se encontram, provavelmente, nas planícies. No século X tal tradição foi "transmitida" para a região norte do planalto central, onde se transformou em um dos dois mitos fundacionais do reino de Israel.

O primeiro conhecimento mais íntimo dos habitantes do reino do Norte sobre o deserto do Sul se constituiu na primeira metade do século VII, em conexão com a importante atividade dos reis de Israel ao longo da rota comercial árabe de Darb el-Ghazza. Esse período pode ter servido de contexto aos primeiros itinerários do deserto descritos na Bíblia Hebraica, bem como para os materiais relativos à caminhada pelo deserto e ao êxodo nos livros de Oseias e Amós.

---

403. Sobre essa concepção cf., p. ex., ASSMANN, J. *Moses the Egyptian* – The Memory of Egypt in Western Monotheism. Cambridge: Harvard University Press, 1998. • HENDEL, R. The Exodus. Op. cit.

A tradição do êxodo e da caminhada no deserto "migrou" em direção a Judá depois de 720 a.C.[404] A arqueologia atesta um crescimento exponencial de Judá durante o Ferro IIB em termos de números de vilas, sua dimensão e população. Esse fator não pode ser explicado através de um crescimento natural e deve refletir uma movimentação migratória em direção ao reino do Sul, proveniente de Israel, após a queda desse reino[405]. Esses israelitas trouxeram consigo, para Judá, as tradições do Norte, dentre as quais, o relato sobre o êxodo e da caminhada pelo deserto. Esse relato foi desenvolvido e transformado, durante o período da dominação assíria sobre Judá, quando os Judaítas conheceram, por sua vez, as diferentes regiões do deserto. Ao que parece, essa fase também se caracterizou pelo acréscimo de elementos relativos à vida de Moisés e pela adição de uma ideologia anti-imperialista[406].

A retirada assíria da região durante a segunda metade do século VII provocou mudanças no cenário geopolítico local. Uma grande parte da região até então dominada pela Assíria foi, em seguida, controlada pela XXVI dinastia egípcia. Judá e o Egito, tendo, cada um deles, seus próprios objetivos em termos de expansão territorial e ideológica se encontraram, então, à beira de um conflito. Constituindo-se, ao mesmo tempo, uma fábula sobre o passado e uma predição sobre o futuro, o relato sobre o êxodo e, de modo particular, a vitória de YHWH sobre o faraó egípcio, serviu muito bem à ideolo-

---

404. HOFFMAN, A North Israelite. Op. cit., p. 181-182.

405. FINKELSTEIN, I.; SILBERMAN, N.A. Temple and Dynasty: Hezekiah, the Remaking of Judah and the Rise of the Pan-Israelite Ideology. *Journal for the Study of the Old Testament*, n. 30, p. 259-285, 2006.

406. OTTO, E. Mose und das Gesetz: Die Mose-Figur als Gegenentwurf Politischer Theologie zur neuassyrischen Königsideologie im 7 Jh. v. Chr. In: OTTO, E. (org.). *Mose: Ägypten und das Alte Testament*. Stuttgart: Verlag Katholisches Bibelwerk, 2000, p. 51-67. • BLANCO WISSMANN, F. Sargon, Mose und die Gegner Salomos – Zur Frage vor-neuassyrischer Ursprünge der Mose-Erzählung. *Biblische Notizen*, n. 110, p. 42-54, 2001. • RÖMER, T. *Moïse*, p. 24-29. • RÖMER, T. La construction. Op. cit. • SCHMID, K. *The Old Testament*. Op. cit., p. 81.

gia de Judá, sob o reino do Rei Josias. Algumas realidades egípcias próprias da época da XXVI dinastia, quando os Judaítas viviam no delta do Nilo, podem ter influenciado o desenvolvimento da modelagem da tradição do êxodo[407].

As realidades geopolíticas que permitiram o acesso ao conhecimento sobre o deserto pelos escribas de Judá desapareceram no final da Idade do Ferro. Todas as grandes fortalezas do deserto estavam abandonadas e Edom declinou após 560 a.C. Os escribas sacerdotais que, em épocas pós-exílicas, viviam em Jerusalém e em seus arredores, não conheciam as regiões áridas do Sul. No entanto, o relato sobre o êxodo e sobre a caminhada no deserto continuou a se desenvolver. As sucessivas compilações, as elaborações e redações da época persa foram de caráter puramente literário, mas, ao mesmo tempo, reverberaram as preocupações desse período, a saber, o retorno dos exilados na Mesopotâmica, visto como um êxodo[408]. O trabalho dos autores sacerdotais deu à tradição do êxodo sua forma final e um *status* de maior importância para a tradição judaica e ocidental, bem além de seus modestos primórdios nas planícies de Canaã e em seguida nas regiões altas do Norte do reino de Israel.

A tradição sobre o êxodo e a caminhada pelo deserto é, por conseguinte, o resultado final de muitos séculos de acréscimos e desenvolvimentos, orais e escritos, e de uma história redacional complexa iluminada pelas diferentes transformações das realidades geopolíticas e históricas.

---

407. REDFORD, D.B. An Egyptological. Op. cit. • REDFORD, D.B. *Egypt*. Op. cit., p. 408-422. • VAN SETERS, J. The Geography. Op. cit.

408. HOFFMANN, Y. The Exodus – Tradition and Reality the Status of the Exodus Tradition in Ancient Israel. In: SHIRUN-GRUMACH, I. (org.). *Jerusalem Studies in Egyptology*. Wiesbaden: Harrassowitz, 1998, p. 193-202.

# 6

# A revelação do nome divino a Moisés e a construção de uma memória sobre as origens do encontro entre YHWH e Israel

*Thomas Römer*

## O êxodo, YHWH e Moisés

Não há dúvidas de que a tradição sobre o êxodo compõe o coração da "memória histórica" da Bíblia Hebraica. Ela introduz, por exemplo, o Decálogo, no qual YHWH se apresenta como o Deus que fez Israel sair do Egito: "Eu sou YHWH teu Deus, que te fez sair da terra do Egito, da casa da escravidão". אָנֹכִי יְהוָה אֱלֹהֶיךָ אֲשֶׁר הוֹצֵאתִיךָ מֵאֶרֶץ מִצְרַיִם מִבֵּית עֲבָדִים – (Ex 20,2 = Dt 5,6).

É interessante observar que YHWH aparece aqui como o único protagonista do êxodo, sem qualquer menção a Moisés. Esse é o caso também de outras alusões ao relato sobre o êxodo. O chamado "credo histórico", em Dt 26,5-9 também apresenta YHWH como o autor do êxodo. O mesmo acontece com textos como Am 2,10 e os Salmos que apresentam algum interesse particular a respeito do êxodo.

Ao contrário das tradições sobre os patriarcas, a tradição sobre o êxodo se situa no centro das "retrospectivas históricas" dos Salmos[409]. Nós podemos observar também aqui que Moisés é mencionado apenas em alguns salmos tardios: Sl 77,21; 105,26. No Sl 99,6, Moisés e Aarão são apesentados como sacerdotes; no Sl 103,7, Moisés é o mediador da vontade de YHWH e no Sl 106,16.23, ele é mencionado no contexto da revolta do povo no deserto (no v. 16, com Aarão). Os outros Salmos que evocam o êxodo não mencionam Moisés, inclusive aqueles que fazem alusão às pragas, como o Sl 78,43-51; 111,4(?); 113,8-9 (especialmente a morte dos primogênitos do Egito) e o Sl 136,10 (similar ao 135,8-9), assim como aos milagres no Mar dos Juncos (particularmente a aniquilação do exército egípcio; Sl 76,7; 78,13; e 136,15; o recuo do mar: Sl 114,3-6; e a abertura do mar: Sl 77,20; 78,12; 136,13-14). Moisés também está ausente nas alusões gerais sobre o êxodo que se encontram no Sl 80,9-10. O Sl 135 relaciona a tradição do êxodo à conquista do território transjordânico, sem mencionar Moisés e a conquista de Canaã. Na alegoria do Sl 80, o êxodo está relacionado ao estabelecimento de Israel na terra (bem como à perda dessa terra); de modo parecido, o Sl 111,4-6 associa os milagres de YHWH no Egito à evocação da aliança "eterna" (com os patriarcas? do Sinai?) e à conquista da terra. As raras menções a Moisés nas alusões ao êxodo são confirmadas por sua aparição bastante esporádica fora da história deuteronomista (assim como nos livros de Crônicas, Esdras e Neemias): apenas Is 63,1-1 e Mq 6,4 fazem menção a ele em relação com o êxodo (as outras raras menções em Jr 15,1; Ml 3,22 e Dn 9,11.13 são ligadas à lei e à sua função de intercessor). Essa observação parece indicar que talvez existisse uma tradição do êxodo da qual Moisés não fizesse parte.

---

409. Para mais detalhes sobre essa questão, cf. RÖMER, T. Extra-Pentateuchal Biblical Evidence for the Existence of a Pentateuch? – The Case of the "Historical Summaries", Especially in the Psalms. In: DOZEMAN, T.B.; SCHMID, K.; SCHWARTZ, B.J. (orgs.). *The Pentateuch. International Perspectives on Current Research.* Tübingen: Mohr Siebeck, 2011, p. 471-488.

O relato de 1Rs 12 também poderia dar sustentação a essa ideia. De acordo com esse episódio, Jeroboão I construiu dois templos, em Betel e Dã, nos quais ele colocou estátuas de touros: "Deixai de subir a Jerusalém! *Israel, eis o teu Deus que te fez sair da terra do Egito.* Erigiu um em Betel, e o outro em Dã" (1Rs 12,28-29): (v. 28b) הִנֵּה אֱלֹהֶיךָ יִשְׂרָאֵל אֲשֶׁר הֶעֱלוּךָ מֵאֶרֶץ מִצְרָיִם.

O plural que também aparece no episódio do bezerro de ouro em Ex 32,4 chama a atenção. Ainda que o texto mencione dois santuários, é evidente que os touros ou os bezerros não representam diferentes divindades, mas o deus nacional. Devemos compreender esse plural como uma alusão ao deus nacional e à sua consorte Asherah, como sugeriu E.A. Knauf?[410] Não se encontram, no entanto, indicações claras, em outros lugares, da associação da Asherah ao êxodo; essa tese, portanto, tem um teor bastante especulativo. A menos que esse plural faça alusão a YHWH em suas diversas manifestações: o YHWH de Betel e o YHWH de Dã? A solução mais simples seria considerar esse plural como uma controvérsia, como uma transformação de uma fórmula de culto original. Uma comparação de 1Rs 12,8 com o início do Decálogo demonstra que as duas fórmulas são bastante similares. Se houvesse um singular original em 1Rs 12,28, a similaridade seria ainda mais importante.

Os redatores de 1Rs 12,28 que operaram no reino de Judá aparentemente pretendiam convencer seus leitores de que o culto do Norte, em Betel e Dã (e em outros lugares) era um culto politeísta.

A menção a Dã em 1Rs 12 é igualmente intrigante. De acordo com Eran Arie, Dã foi integrada ao território de Israel somente no século VIII[411]. Nesse caso, é possível que 1Rs 12 seja uma retroprojeção datada da época de Jeroboão II. Poderíamos ainda nos per-

---

410. KNAUF, E.A. *Bethel* – Die Religion in Geschichte und Gegenwart. 4. ed., n. 1, col. 1375-1376, 1998.

411. ARIE, E. Reconsidering the Iron Age II Strata at Tel Dan: Archaeological and Historical Implications. *Tel Aviv*, n. 35, p. 6-64, 2008.

guntar se a figura de Jeroboão I, na sua integralidade, não seria uma criação do século VIII baseada na figura do Rei Jeroboão II. Essa especulação, no entanto, ultrapassa o interesse deste nosso texto.

Retomando, contudo, a discussão sobre YHWH e o êxodo, é evidente que, pelo menos a partir do século VIII, YHWH era venerado em Israel (mas, provavelmente ainda não em Judá) como uma divindade que fez o povo sair do Egito. No entanto, nos textos bíblicos que podem ser datados com segurança na época monárquica, não há qualquer menção a Moisés; vamos deixar momentaneamente de lado os textos do Pentateuco, os quais oferecem uma dificuldade particular no que tange à datação.

A construção do êxodo como memória nacional "verdadeira" pode ser observada no capítulo 12 de Oseias. É possível que esse capítulo revele, se ele não representa a voz do próprio profeta, pelo menos a situação do reino do Norte na segunda metade do século VIII, embora datas bem mais tardias tenham sido sugeridas[412]. Conforme demonstrou A. de Pury, esse texto opõe as tradições de Jacó à tradição do êxodo[413]. Nesse texto, Jacó é descrito com traços marcadamente negativos: ele suplantou seu irmão e se tornou um "cananeu", um mercador com uma balança adulterada que se compraz em extorquir (Os 12,4.8). Inclusive o seu combate com Deus é apre-

---

412. Para uma datação no século VIII, cf. PURY, A. Osée 12 et ses implications pour le débat actuel sur le Pentateuque. In: HAUDEBERT, P. (org.). *Le Pentateuque* – Débats et recherches. Paris: Du Cerf, 1992, p. 175-207. • PURY, A. The Jacob Story and the Beginning of the Formation of the Pentateuch. In: DOZEMAN, T.B.; SCHMID, K. (orgs.). *A Farewell to the Yahwist?* – The Composition of the Pentateuch in Recent European Interpretation. Atlanta: Society of Biblical Literature, 2006, p. 51-72. • BLUM, E. Hosea 12 und die Pentateuchüberlieferungen. In: HAGEDORN, A.C.; PFEIFFER, H. (orgs.). *Die Erzväter in der biblischen Tradition* – Festschrift für Matthias Köckert. Berlim/Nova York: De Gruyter, 2009, p. 291-321. Para uma datação exílica ou pós-exílica, cf. WHITT, W.D. The Jacob Traditions in Hosea and Their Relation to Genesis. *Zeitschrift für die alttestamentliche Wissenschaft*, n. 103, p. 18-43, 1991. • PFEIFFER, H. *Das Heiligtum von Bethel im Spiegel des Hoseabuches*. Göttingen: Vandenhoeck & Ruprecht, 1999.

413. PURY, A. Osée 12. Op. cit. • PURY, A. Jacob Story. Op. cit.

sentado, ao contrário de Gn 32, com um matiz diferente e negativo (12,4-5). Desde o início do poema torna-se claro que "Jacó" será julgado por YHWH (12,3). Enquanto Jacó é apresentado em relação com uma divindade que atende pela nômina de "Elohim" ou "El"[414], YHWH se apresenta como o Deus do país do Egito: וְאָנֹכִי יְהוָה אֱלֹהֶיךָ מֵאֶרֶץ מִצְרָיִם (Os 12,10).

Mais uma vez essa declaração remete ao Decálogo, embora a expressão "que te fez sair" esteja ausente; YHWH é apresentado como uma divindade cuja origem está vinculada ao Egito. Em 12,13-14, a fuga de Jacó para Aram e sua "servidão" em troca de uma esposa se opõem ao profeta de YHWH que conduz Israel para fora do Egito e o protege: "Jacó fugiu para os campos de Aram e Israel serviu por uma mulher e por uma esposa guardou rebanhos. Mas YHWH fez Israel subir do Egito por intermédio de um profeta e por intermédio de um profeta ele foi guardado".

וַיִּבְרַח יַעֲקֹב שְׂדֵה אֲרָם וַיַּעֲבֹד יִשְׂרָאֵל בְּאִשָּׁה וּבְאִשָּׁה שָׁמָר
וּבְנָבִיא הֶעֱלָה יְהוָה אֶת־יִשְׂרָאֵל מִמִּצְרָיִם וּבְנָבִיא נִשְׁמָר

A menção ao profeta é antecipada no versículo 11, que afirma que YHWH revela suas intenções por intermédio de seus profetas. Em geral, admite-se que o profeta mencionado no versículo 14 seja Moisés, mas é válido notar que ele não é nominado. Por que, então, apresentar o texto dessa forma? Provavelmente porque o grupo profético que atuou por detrás da redação de Os 12 buscava legitimar--se afirmando que já havia uma mediação profética no período do êxodo.

Em resumo: Os 12 pode ser compreendido como um texto polêmico contra a tradição de Jacó. Contra a tentativa de estabelecer a tradição de Jacó como mito da origem nacional do reino do Norte (Os 12,4-5 não faz alusão à mudança de nome de Jacó para "Is-

---

414. מַלְאָךְ em 12,5 é provavelmente uma pequena adição que transformou o "El" original em uma glosa. Cf., p. ex., GERTNER, M. The Masorah and the Levites – An Essay in the History of a Concept. *Vetus Testamentum*, n. 10, p. 241-284, 1960.

rael"), o autor de Os 12 afirma que YHWH tem relação com o Egito e não com esse patriarca. Isso significa também que a relação entre Israel e seu Deus não é "hereditária" ou mediada por um patriarca, mas o resultado de um encontro, e que o mediador dessa relação é um profeta. Os 12 representa provavelmente uma das primeiras tentativas de colocar em destaque o papel de Moisés na tradição do êxodo. É interessante notar que o relato sobre o êxodo no Pentateuco também apresenta a ideia de que YHWH não era conhecido pelos hebreus em relação com o êxodo, e que também ele constitui Moisés como profeta.

## Ex 3–4 e 6 e suas funções no relato sacerdotal e não sacerdotal sobre o êxodo: divergências e convergências

No debate atual sobre a formação da Torá, o tradicional consenso que era construído sobre a hipótese documentária ruiu. Na Europa, a maior parte dos pesquisadores abandonou o paradigma de J. Wellhausen; já na América do Norte a hipótese documentária tradicional ainda é popular. Mas os pesquisadores que nós chamamos de "neodocumentaristas" desenvolveram uma variação sobre a hipótese que já não tem muito a ver com o modelo tradicional[415]. Em meio a esse cenário complexo, a distinção entre os sacerdotais (P) e não-sacerdotais (não-P) é, aparentemente, um dos raros resultados da análise científica do Pentateuco sobre o qual a maior parte dos pes-

---

415. Sobre essa questão, cf. tb. as contribuições de SCHMID, K. Distinguishing the World of the Exodus Narrative from the World of Its Narrators: The Question of the Priestly Exodus Account in Its Historical Setting. In: LEVY, T.; SCHNEIDER, T.; PROPP, W.H.C. (orgs.). *Israel's Exodus in Transdisciplinary, Text, Archaeology, Culture, and Geoscience.* Heidelberg: Springer, p. 331-344. • BERNER, C. The Exodus Narrative Between History and Literary Fiction: The Portrayal of the Egyptian Burden as a Test Case. In: LEVY, T.; SCHNEIDER, T.; PROPP, W.H.C. (orgs.). *Israel's Exodus*, p. 285-292. Cf. tb. a avaliação do estado atual da pesquisa sobre o Pentateuco em RÖMER, T. Zwischen Urkunden, Fragmenten und Ergänzungen: Zum Stand der Pentateuchforschung. *Zeitschrift für die alttestamentliche Wissenschaft*, n. 125, p. 2-24, 2013.

quisadores está de acordo. No entanto, a questão de saber se, originalmente, P era um documento independente ou concebido como uma elaboração redacional baseada sobre um relato mais antigo ainda é objeto de debate. Além disso, vários textos "não-P" (tradicionalmente J/E) são hoje considerados como pós-P. É o caso, por exemplo, de duas variações do encontro de YHWH com Moisés (em Ex 3–4 e 6), nas quais YHWH o encarrega de conduzir os hebreus para fora do Egito, na terra de Canaã.

Recentemente, K. Schmid e outros estudiosos defenderam que Ex 3–4 deve ser compreendido como um texto unificado, escrito por um mesmo autor que conhecia o texto P da revelação do nome divino a Moisés. Ele pretendia pôr em questão a ideia de que a revelação divina do nome divino ocorrera no Egito e fora transferida para o "monte de Deus"[416]. De acordo com Schmid, a declaração de YHWH segundo a qual Ele ouviu o grito dos hebreus em 3,7 é tomada de uma passagem P em Ex 6,2-8. De fato, o grito dos israelitas é citado em Ex 3,7-9 (צעקה) e em Ex 2,23 (ויזעקו). Mas isso não prova que o autor de Ex 3–4 tivesse algum conhecimento prévio do relato P de Ex 6. A ideia segundo a qual os israelitas choraram sob a opressão também aparece no "credo histórico" deuteronomista em Dt 26,7 (ונצעק) com a mesma ortografia que em Ex 3 (צעק no lugar do זעק de Ex 2,23). Não é necessário, portanto, postular uma dependência literária de Ex 3–4 em relação aos textos P de Ex 2,23-35 e 6. Também parece difícil sustentar que Ex 3–4 seja fundamentalmen-

---

416. SCHMID, K. *Erzväter und Exodus* – Untersuchungen zur doppelten Begründung der Ursprünge Israels innerhalb der Geschichtsbücher des Alten Testaments. Neukirchen-Vluyn: Neukirchener Verlag, 1999, p. 186-208. • OTTO, E. Die nachpriesterliche Pentateuchredaktion im Buch Exodus. In: VERVENNE, M. (org.). *Studies in the Book of Exodus* – Redaction-Reception/Interpretation. Lovaina: Leuven University Press/Peeters, 1996, p. 61-111. • KEGLER, J. Die Berufung des Mose als Befreier Israels – Zur Einheitlichkeit des Berufungsberichts in Exodus 3-4. In: HARDMEIER, C.; KESSLER, R.; RUWE, A. (orgs.). *Freiheit und Recht* – Festschrift für Frank Crüsemann zum 65. Geburtstag. Gütersloh: Kaiser/Gütersloher Verlagshaus, 2003, p. 162-188.

te um texto uniforme, escrito por um mesmo autor. A análise literária demonstra que a versão não-P da vocação de Moisés foi revisada e ampliada várias vezes. Particularmente, eu prefiro, portanto, a opção tradicional, que data a primeira edição de Ex 3–4 pouco antes do que a variante P de Ex 6,2-8[417]. Dentro do escopo deste capítulo, no entanto, não é possível tratar de todos os problemas literários desses capítulos. Então, eu me concentrarei sobre a questão da revelação do nome divino e sobre a construção da figura de Moisés nesses dois textos.

### Ex 3: Moisés o profeta e YHWH o Deus desconhecido

Na forma atual do Livro de Êxodo, Ex 3,1–4,18 constitui claramente uma unidade, emoldurada por uma menção a Jetro, o sogro de Moisés em 3,1 e 4,18, e pela chegada de Moisés à montanha de Deus seguida de seu retorno.

Há uma estranha repetição entre 4,18 e 4,19. Em 4,8, Moisés diz a Jetro que ele deve retornar ao Egito para ver seus irmãos, e Jetro lhe responde desejando que vá em paz. Em 4,19, por sua vez, lê-se: YHWH disse a Moisés, em Madiã: "Vai, volta para o Egito, porque estão mortos todos os que atentavam contra a tua vida". Esse versículo parece não fazer sentido depois de 4,18, visto que Moisés já anunciara a Jetro sua intenção de retornar ao Egito. Entretanto, concorda perfeitamente com o início de Ex 2,23: "Muito tempo depois morreu o rei do Egito" (2,23a.b-25 geralmente são considerados como parte de P). Se lemos 2,23a com 4,19, podemos concluir, como antes já concluiu Wellhausen[418], que existia um relato mais antigo ao qual posteriormente foi inserida a passagem do chamado de Moisés.

---

417. Cf. tb. GERTZ, J.C. *Tradition und Redaktion in der Exoduserzählung* – Untersuchungen zur Endredaktion des Pentateuch. Göttingen: Vandenhoeck & Ruprecht, 1999, p. 254-326.

418. WELLHAUSEN, J. *Die Composition des Hexateuchs und der historischen Bücher des Alten Testaments.* Berlim: W. De Gruyter, 1963, p. 71.

Portanto, aparentemente, o relato original de Ex 3,1–4,18, não fazia parte da versão mais antiga da história de Moisés. Como afirma William Propp no seu comentário, "Ex 3–4 é uma passagem-chave para a análise documental da Torá"[419]. No entanto, sempre foi difícil reconstruir dois relatos paralelos nesse texto[420]. No que concerne ao uso dos nomes divinos *YHWH* e *'elohîm*, deve-se notar que existe uma terceira variante, *ha-'elohîm* (3,6.11-13). A expressão "*ha-'elohîm*" contém, muitas vezes, a ideia de um Deus "misterioso" ou "desconhecido", e seu emprego recorrente em Ex 3 está, provavelmente, vinculado à revelação do nome divino. Essa expressão aparece até Ex 3,13, onde YHWH revela a Moisés a sua identidade. Em sua forma absoluta, essa expressão relativamente rara, comparada a *'elohîm*, não aparece novamente no relato até Ex 18, a narrativa da visita de Jetro a Moisés e seu sacrifício a YHWH. Isso já indica uma relação entre Ex 3 e Ex 18. Existe uma espécie de redundância nos versículos 7-10, mas essa redundância sublinha a importância do discurso divino que, como foi sinalizado algumas vezes, tem uma estrutura em quiasmo: ABCB'A'. À visão de YHWH da opressão do seu povo (עַמִּי) no Egito (בְּמִצְרָיִם) no versículo 7a, corresponde a missão de Moisés de conduzir o povo de YHWH (עַמִּי) para fora do Egito (מִמִּצְרָיִם), no versículo 10. O tema de YHWH que ouve (שָׁמַעְתִּי) o clamor do povo (צַעֲקָתָם) no versículo 7 é retomado no versículo 9 por meio da afirmação de que o clamor de Israel (צַעֲקַת בְּנֵי־יִשְׂרָאֵל) chegou (בָּאָה) até YHWH. Ao centro, no versículo 8, encontramos a promessa de fazer Israel subir "daquela terra" para uma terra boa e vasta, que mana leite e mel. É difícil conceber que uma estrutura tão clara seja o resultado acidental da reunião de dois documentos diferentes.

---

419. PROPP, W.H.C. *Exodus 1-18*. Nova York: Doubleday, 1999, p. 190.

420. Cf. RÖMER, T. Exodus 3-4 und die aktuelle Pentateuchdiskussion. In: ROUKEMA, R. (org.). *The Interpretation of Exodus. Studies in Honour of Cornelis Houtman*. Lovaina/Paris: Dudley/Peeters, 2006, p. 65-79.

O versículo 10 está vinculado ao versículo seguinte pois ele introduz o mandato de Moisés, elaborado como um chamado profético. O paralelo mais próximo de Ex 3,10-12 é o chamado de Jeremias em Jr 1,4-10[421]. As duas passagens contêm os seguintes elementos:

| | **Ex 3** | **Jr 1** |
|---|---|---|
| **Envio** | v. 10: Vai, eu te enviarei לְכָה וְאֶשְׁלָחֲךָ | v. 7: A quem eu te enviar, irás. עַל־כָּל־אֲשֶׁר אֶשְׁלָחֲךָ תֵּלֵךְ |
| **Objeção** | v. 11: Quem sou eu para ir | v. 6: Eu não sei falar, porque sou ainda uma criança |
| **Promessa de assistência** | v. 12a: Eu estarei contigo אֶהְיֶה עִמָּךְ | v. 8: eu estou contigo אִתְּךָ אֲנִי |
| **Sinal** | v. 12a.b: E este será o sinal de que eu te enviei [...] vós servireis a Deus nesta montanha | v. 9: Então YHWH estendeu a sua mão e tocou-me a boca [...] |

Moisés é apresentado como o profeta graças ao qual YHWH conduziu seu povo do Egito em concordância com Os 12. Ex 3,10-13 exprime a mesma ideia de Dt 18,15-20, uma passagem que, aliás, também apresenta paralelos com Jr 1,4-10. Por isso, com E. Blum e

---

421. KÖCKERT, M. Zum literargeschichtlichen Ort des Prophetengesetzes Dtn 18 zwischen dem Jeremiabuch und Dtn 13. In: PERLITT, L.; KRATZ, R.G.; SPIEC-KERMANN, H. (orgs.). *Liebe und Gebot. Studien zum Deuteronomium* – Festschrift zum 70. Geburtstag. Göttingen: Vandenhoeck & Ruprecht, 2000, p. 80-100. • GRÄTZ, S. "Einen Propheten wie mich wird dir der Herr, dein Gott, erwecken". Der Berufungsbericht Jeremias und seine Rückbindung an das Amt des Mose. In: GRAUPNER, A.; WOLTER, M. (orgs.). *Moses in Biblical and Extra-Biblical Traditions*. Berlim; Nova York: De Gruyter, 2007, p. 61-77.

outros, parece apropriado qualificar o relato original de Ex 3 como uma "composição D"[422], datando-o no século VI a.C.

Após o chamado (profético) de Moisés, o relato aborda a questão da identidade da divindade que está prestes a enviá-lo. Essa questão já é posta no versículo 6 na cena da sarça ardente com a autoapresentação da divindade: "Eu sou o Deus de teus pais", seguida da aposição "o Deus de Abraão, o Deus de Isaac e o Deus de Jacó". Essa estrutura é bastante singular no plano gramatical e já se encontra modificada no Pentateuco samaritano e em alguns manuscritos gregos. A aposição parece uma tentativa posterior de criar um vínculo com as tradições dos patriarcas[423].

Nesse ponto, é válido recordar uma afirmação de R. Rendtorff, segundo o qual a terra prometida por Deus aos israelitas é introduzida em Ex 3 como se se tratasse de uma terra totalmente desconhecida[424]. É interessante notar que essa terra não fora prometida aos patriarcas como ocorre no relato P do chamado de Moisés em 6,8. Isso poderia indicar que não havia qualquer menção aos patriarcas no relato original de Ex 3.

Após a segunda objeção levantada por Moisés (ele não conhece o nome do Deus dos antepassados no nome de quem deverá falar aos israelitas) e após a revelação de YHWH (ou não) por meio da largamente comentada expressão "Eu sou aquele que é" (אֶהְיֶה אֲשֶׁר אֶהְיֶה), o versículo seguinte identifica novamente YHWH como o "Deus de Abraão, Isaac e Jacó". Argumentos consistentes levam a pensar que

---

422. BLUM, E. *Studien zur Komposition des Pentateuch.* Berlim/Nova York: De Gruyter, 1990, p. 17-43.

423. WEIMAR, P. *Die Berufung des Mose: Literaturwissenschaftliche Analyse von Exodus 2,23-5,5.* Friburgo/Göttingen: Universitätsverlag/Vandenhoeck & Ruprecht, 1980, p. 38 e 341.

424. RENDTORFF, R. *The Problem of the Process of Transmission in the Pentateuch.* Trad. De J.J. Scullion. Sheffield: Jsot Press, 1990, p. 85 [Orig. alemão: *Das überlieferungsgeschichtliche Problem des Pentateuch.* Berlim/Nova York: De Gruyter, 1976].

esse versículo não aparecia no relato original. Em primeiro lugar esse discurso é introduzido, após o versículo 14 por "*wayyomer 'od 'elohîm*". Como em Gn 22,15, *'od* ("ainda") indica que o que se seguirá é um acréscimo. Esse acréscimo, que podemos comparar com o versículo 13 do Sl 135, poderia ser compreendido com uma tentativa de criar um paralelo com a ideia sacerdotal expressa em Ex 6,2 segundo a qual mesmo que YHWH não tivesse aparecido aos patriarcas sob seu verdadeiro nome, Ele é, incontestavelmente, o Deus dos patriarcas.

Se consideramos que o versículo 15 é um acréscimo, a transição entre o versículo 14 e 16 fica ainda mais fluida. Haveria, então, apenas um discurso divino, que inicia com o jogo de palavras sobre o tetragrama, sendo esse finalmente revelado em duas etapas ( *'ehyê*, e depois YHWH).

Se é verdade que os nomes dos patriarcas nos versículos 6 e 15 pertencem a uma revisão do texto original, podemos nos perguntar se essa mesma perspectiva não se aplicaria ao versículo 16[425]. Eu admito que isso poderia incorrer na suspeita de raciocínio circular; a conclusão, claro, depende de um modelo geral sobre a composição. Podemos, no entanto, observar que a citação dos nomes dos patriarcas está separada da forma *'elohê 'abotêka* pelo verbo e ocorre relativamente tarde. Isso poderia indicar que essas palavras inicialmente foram inseridas à margem do texto, antes que um copista as inserisse no texto.

Dentro dos limites deste capítulo não é possível demonstrar que o relato original se encerrava em 3,17, seguido de 4,18. De modo aproximado, o relato continha 3,1-2 (sem o *mal'ak*?).3-4a.b. 7-14.16a.b.17 e 4,18[426]. O objetivo da história original era duplo: legitimar o *status* de Moisés como protoprofeta e reconhecer que o

---

425. WEIMAR, P. *Berufung des Mose*. Op. cit., p. 332-333 e 341.

426. Para uma reconstrução similar, cf. GERTZ, J.C. *Tradition und Redaktion*. Op. cit., p. 394.

conhecimento do nome divino está ligado ao êxodo. Como observaram F. Michaeli, K. Berge, Schmid[427] e outros, o relato compartilha com Ex 6 a ideia de que a revelação do nome divino YHWH é algo novo. No texto original, a divindade se apresentou a Moisés como o Deus dos patriarcas (v. 6) e Moisés identificou esse Deus com a divindade ancestral dos israelitas. O fato de que os deuses ancestrais não tivessem um nome pessoal é atestado pelos textos ugaríticos que mencionam com frequência *'ilu 'ibi* ("deus do pai")[428]. O autor de Ex 3 busca salientar que esse deus desconhecido é, de fato, a divindade YHWH. Uma abordagem similar pode ser observada em Ex 6.

Antes de discutir esse texto, vamos observar novamente que Ex 3 inicialmente não fazia parte da história mais antiga sobre o êxodo e Moisés, mas foi inserido nesse contexto. A história mais antiga se iniciava com uma breve descrição da difícil situação dos hebreus no Egito, o nascimento de Moisés e sua "adoção" pela filha do faraó. A história do seu nascimento e seu abandono indica uma dependência literária com a tradição do nascimento de Sargon, o legendário fundador do Império Assírio, como já foi observado muitas vezes[429].

Tanto Sargon quanto Moisés foram deixados por suas mães ambos ligados de alguma forma, ao sacerdócio. A mãe de Sargon é uma sacerdotisa e a mãe de Moisés é filha de Levi, o antepassado da tribo dos sacerdotes de Israel. Seus pais não intervêm. As

---

427. MICHAELI, F. *Le livre de l'Exode.* Neuchâtel: Delauchaux et Niestlé, 1974, p. 65. • BERGE, K. *Reading Sources in a Text* – Coherence and Literary Criticism in the Call of Moses. St. Ottilien: EOS Verlag, 1997, p. 116: "Moses, already knowing the identity of the speaking God, now asks for his name because he does not know it". • SCHMID, K. *Erzväter und Exodus.* Op. cit., p. 206.

428. VAN DER TOORN, K. Ilib and the "God of the Father". *Ugarit Forschungen*, n. 25, p. 379-387, 1993.

429. COHEN, C. The Legend of Sargon and the Birth of Moses. *Journal of Ancient Near Eastern Studies*, n. 4, p. 46-51, 1972. • ARDIÑACH, P.R. La leyenda acádia de Saegón. *Rivista Bíblica*, n. 50, p. 103-114, 1993.

crianças são colocadas dentro de um cesto que flutua à deriva sobre um rio, antes de serem descobertos e adotados. Nos dois casos, trata-se de uma adoção real: Sargon é "amado" por Ishtar e Moisés torna-se o filho de uma filha do faraó. Embora remeta a um rei assírio do terceiro milênio, a história de Sargon foi elaborada sob Sargon II, seu homônimo, no final do século VIII; ela contém formas ortográficas e expressões idiomáticas neoassírias atestadas unicamente nesse período[430]. Portanto, a história de Moisés, modelada a partir desse relato, não pode ser datada antes do século VII a.C. Ex 2 não pressupõe qualquer conhecimento de Moisés, das suas origens ou de seu nome; tudo deve ser explicado. É, por isto, tentador, compreender a primeira escrita da história sobre Moisés (que não pode ser reconstruída em detalhes) como uma reação à ideologia real neoassíria, desenvolvida na corte de Josias. O contexto assírio também pode ser percebido através da menção das "cidades armazéns" (עָרֵי מִסְכְּנוֹת) em Ex 1,11, que emprega uma palavra emprestada do assírio, *maškanu*[431]. Se um contexto do século VII, para a mais antiga história de Moisés é plausível, podemos supor que a inserção de Moisés no relato e a sua construção como figura real estão relacionados à reescritura, em Judá, de uma tradição mais antiga proveniente do Norte. Mas, abordemos, agora, Ex 6,2-8.

---

430. LEWIS, B. *The Sargon Legend* – A Study of the Akkadian Text of the Tale and the Tale of the Hero who was Exposed at Birth. Cambridge: Asor, 1980, p. 98-110.

431. Cf. KNAUF, E.A. *Midian* – Untersuchungen zur Geschichte Palästinas und Nordarabiens am Ende des 2. Jahrtausends v. Chr. Wiesbaden: Harrassowitz, 1988, p. 104. A descrição, rara, "modelar tijolos" em Ex 5,7 (לְלְבֹּן הַלְּבֵנִים, cf. também em Ex 1,14 – בַּעֲבֹדָה קָשָׁה בְּחֹמֶר וּבִלְבֵנִים) pode ser colocada em relação com a expressão acádia *libnate labanu*, que é, p. ex., empregada em uma inscrição monumental de Asaradon. Cf. UEHLINGER, C. *Weltreich und "eine Rede"* – Eine neue Deutung der sogenannten Turmbauerzählung (Gen 11,1-9). Friburgo/Göttingen: Universitätsverlag; Vandenhoeck/Ruprecht, 1990, p. 361, p. 250-251. Contudo, esses textos são atribuídos aos redatores sacerdotais.

*Ex 6,2-8: o nome desconhecido de YHWH e a teoria da revelação divina*

A história P da revelação do nome divino, em Ex 6,2-8, tem uma estrutura clara[432]:

| v. 2 | אֲנִי יְהוָה<br>Eu sou YHWH | |
|------|------|------|
| v. 3 | | וָאֵרָא אֶל־אַבְרָהָם אֶל־יִצְחָק וְאֶל־יַעֲקֹב<br>**Apareci a Abraão, a Isaac e a Jacó** |
| v. 4 | | הֲקִמֹתִי אֶת־בְּרִיתִי אִתָּם לָתֵת לָהֶם אֶת־אֶרֶץ כְּנָעַן<br>Estabeleci minha aliança com eles,<br>*para dar-lhes a terra de Canaã* |
| v. 5 | | נַאֲקַת בְּנֵי יִשְׂרָאֵל אֲשֶׁר מִצְרַיִם מַעֲבִדִים אֹתָם וָאֶזְכֹּר אֶת־בְּרִיתִי<br>o gemido dos filhos de Israel, ais quais os egípcios escravizaram, e me lembrei da minha aliança |
| v. 6 | אֲנִי יְהוָה<br>Eu sou YHWH | |
| | | וְהוֹצֵאתִי אֶתְכֶם מִתַּחַת סִבְלֹת מִצְרַיִם<br>eu vos farei <u>sair de debaixo</u><br><u>das cargas do Egito</u> |
| | | וְגָאַלְתִּי אֶתְכֶם<br>Eu vos resgatarei |

---

432. Para uma proposição similar, cf. MAGONET, J. The Rhetoric of God: Exodus 6.2-8. *Journal for the Study of the Old Testament*, n. 27, p. 56-67, 1983.

| v. 7 | | וְלָקַחְתִּי אֶתְכֶם לִי לְעָם<br>Tomar-vos-ei por meu povo |
| --- | --- | --- |
| | | וְהָיִיתִי לָכֶם לֵאלֹהִים<br>e serei o vosso Deus |
| | אֲנִי יְהוָה<br>Eu sou YHWH | |
| | | הַמּוֹצִיא אֶתְכֶם מִתַּחַת סִבְלוֹת מִצְרָיִם<br>que <u>vos faz sair de sob as cargas do Egito</u> |
| v. 8 | | וְהֵבֵאתִי אֶתְכֶם אֶל־הָאָרֶץ אֲשֶׁר<br>Eu vos farei entrar *na terra que* |
| | | נָשָׂאתִי אֶת־יָדִי לָתֵת אֹתָהּ לְאַבְרָהָם לְיִצְחָק וּלְיַעֲקֹב<br>וְנָתַתִּי אֹתָהּ לָכֶם מוֹרָשָׁה<br>jurei com a mão estendida dar **a<br>Abraão, a Isaac e a Jacó;** *e vo-<br>-la darei* como possessão |
| | אֲנִי יְהוָה<br>Eu sou YHWH | |

Essa estrutura revela a importância da apresentação divina. A afirmação "Eu sou YHWH" aparece quatro vezes. Essas autoapresentações emolduram o discurso divino nos versículos 2 e 8, enquanto nos versículos 6 e 7 elas são seguidas por afirmações quase idênticas: "Eu vos farei sair de debaixo das cargas do Egito". Tanto aqui como em Ex 3, YHWH se define como o Deus que fez sair do Egito. Ao contrário da versão original de Ex 3, Ex 6 insiste sobre a forte continuidade entre os patriarcas e o êxodo. No discurso divino, o êxodo e a conquista da terra são apresentados como consequências da aliança divina e das promessas feitas aos patriarcas. Essa relação é teorizada no versículo 3, no qual P constrói uma teoria da revelação divina: "Apareci a Abraão, a Isaac e a Jacó como El Shaddai; mas pelo meu nome, YHWH, não me fiz conhecido". Essa é uma referência clara a Gn 17,1 ("[...] YHWH[433] lhe apareceu e lhe disse: "Eu sou El Shaddai" [...]") que permite ao autor sacerdotal construir uma história da revelação divina em três etapas.

Na história primeva, Deus é conhecido por todos os homens como "elohim"; por Abraão e seus descendentes Ele e "El Shaddai", e somente Moisés e o povo de Israel no Egito são instruídos sobre o nome pessoal de Deus, "YHWH". Isso significa que o privilégio singular de Israel é o conhecimento do nome divino e, através desse privilégio, Israel torna-se a única nação capaz de adorar Deus por meio de um culto sacrificial adequado. Por outro lado, portanto, ao contrário do deuteronomista, P defende um monoteísmo inclusivo: todos os povos da terra veneram o mesmo Deus e se dirigem a Ele como *Elohim*, *El*, ou *El Shaddai*. Essa ideia tem ainda mais consistência se se considera P como sendo o autor de um documento independente e não o redator de relatos não-P mais antigos.

Surpreendentemente, a revelação de Deus a Moisés acontece no Egito, ao contrário do que ocorre em Ex 3, que situa a revelação do nome divino sobre "o monte de Deus". A ideia de uma revelação divina coloca Ex 6 em paralelo com Ez 20 (v. 5: "revelei-me a eles [*yd'*, nifal] na terra do Egito", cf. Ex 2,25 e 6,3 onde aparece a mesma raiz). De acordo com a tradição sacerdotal, Deus revela seu verdadeiro nome no Egito. Para os autores de P e de Ez 20, o relato sobre o êxodo é também acima de tudo o relato sobre a revelação do nome divino. Segundo P, o discurso divino dirigido a Moisés é a última etapa da história da revelação de Deus, graças à qual Israel, por intermédio de Moisés, é informado de seu verdadeiro nome.

---

433. Alguns comentaristas consideraram que o nome YHWH em Gn 17,1 não concorda com a teoria da revelação divina de P. Mas isso não é correto: o tetragrama é empregado pelo narrador a fim de informar ao leitor sobre a identidade de El Shaddai. Na história, Abraão não é informado.

## *Ex 3 e Ex 6: breve comparação*

Ex 3 situa a revelação divina sobre o monte de Deus usando três expressões: "monte de Deus" (הַר הָאֱלֹהִים), "no Horeb (חֹרֵבָה) e a rara expressão (*hasenê*), הַסְּנֶה, "a sarça", que aparece unicamente em Ex 3,2-4 (Dt 33,16 também é provavelmente uma alusão ao Sinai). Ex 6, por sua vez, situa a revelação divina no Egito. Contudo, os dois textos admitem que, na verdade, YHWH nem sempre foi o Deus de Israel, mas que Ele revelou seu nome ao povo por intermédio de Moisés. E embora Ex 3 seja elaborado com uma antecipação da teofania do Sinai, ele está inserido no contexto narrativo no qual Moisés está em Madiã, no "Sul".

No contexto da narrativa do Pentateuco, essa forma de apresentação coloca em destaque o papel central da tradição do êxodo (transformando o relato sobre os patriarcas em uma espécie de prólogo), ao mesmo tempo em que legitima o personagem Moisés como o único mediador e primeiro profeta de Israel.

Os dois textos não são anteriores ao século VI, mas podem preservar a memória histórica segundo a qual YHWH nem sempre foi o Deus "de Israel". É evidente que nem Ex 3 nem Ex 6 são textos históricos. Mas eles poderiam preservar uma memória antiga de longa duração sobre "a adoção", por Israel, da divindade YHWH, em relação com as tradições vinda do Egito ou do Sul[434].

## Algumas especulações históricas sobre as origens de YHWH e sobre sua adoção por "Israel"

Começamos por uma observação preliminar a respeito do nome "Israel", que é atestado fora da Bíblia pela estela do Faraó Merneptah

---

434. Sobre a construção de uma "memória cultural", cf. as contribuições de ASS-MANN, J. Exodus and Memory. In: LEVY; SCHNEIDER; PROPP (orgs.). *Israel's Exodus*, p. 3-15. • MAEIR, A. Exodus as a *Mnemo-Narrative*: An Archaeological Perspective. In: LEVY; SCHNEIDER; PROPP (orgs.). *Israel's Exodus*, p. 409-418.

do final do século XIII a.C. e, talvez ainda, um pouco antes, sobre um pedestal de estátua datado do reino de Ramsés II (no entanto, essa interpretação tem teor bastante especulativo e, de acordo com uma apresentação oral de Thomas Schneider, é pouco convincente)[435]. O nome "Israel" contém o elemento teofórico "El" e não YHWH ou YHW. Nadav Na'aman observou que a localização da entidade "Israel", mencionada na estela de Merneptah, "não pode ser estabelecida com certeza, e todas as tentativas por situá-la no planalto central [...] repousam sobre uma ideia pré-concebida de sua localização"[436], no entanto, é claro que a estela faz referência a um grupo que vivia no Levante, cujo deus protetor é provavelmente El, ou Ilu, em ugarítico.

Por outro lado, há cinco textos bíblicos que situam YHWH no Sul e que descrevem um encontro entre Ele e Israel[437]. Em Jz 5,4-5, e seu paralelo "elohista" no Sl 68,8-9, YHWH parece ser identificado com o Sinai e, segundo Jz 5,4, Ele viria de Seir: "YHWH, quando saíste de Seir, quando avançaste nas planícies de Edom, a terra tremeu, troaram os céus, as nuvens se desfizeram em água. Os mon-

---

435. VAN DER VEEN, P.; THEIS, C.; GÖRG, M. Israel in Canaan (Long) Before Pharaoh Merenptah? – A Fresh Look at Berlin Statue Pedestal Relief 21687. *Journal of Ancient Egyptian Interconnections*, n. 2, p. 15-25, 2010. Os autores sugerem que se leia "Ia-cha-ri" ou "Ia-cha-l" o que é bastante diferente do "Isrial" da estela de Merneptá. Sobre o pedestal, o topônimo é inscrito em um recipiente, o que indica que se trata do nome de um país ou de uma vila.

436. NA'AMAN, N. The Exodus Story: Between Historical Memory and Historiographical Composition. *Journal of Ancient Near Eastern Religions*, n. 11, p. 39-69 (47), 2011.

437. Há, no entanto, um debate sobre a antiguidade desses textos. Segundo PFEIFFER, H. *Jahwes Kommen von Süden*: Jdc 5, Hab 3, Dtn 33 und Ps 68 in ihrem literatur- und theologiegeschichtlichen Umfeld (Göttingen: Vandenhoeck & Ruprecht, 2005, p. 268), a ideia de uma localização original de YHWH no Sinai é uma invenção tardia, datada no exílio, após a destruição do templo. Sobre a possibilidade de que esses textos preservem memórias antigas, cf. LEUENBERGER, M. Jhwhs Herkunft aus dem Süden. Archäologische Befunde: biblische Überlieferungen; historische Korrelationen. *Zeitschrift für die alttestementliche Wissenschaft*, n. 122, p. 1-19, 2010.

tes deslizaram na presença de YHWH, o do Sinai, diante de YHWH, o Deus de Israel".

Uma afirmação similar se encontra em Dt 33,2: "YHWH veio do Sinai, alvoreceu para eles de Seir, resplandeceu do Monte Farã. Dos grupos de Cades veio a ele, desde o Sul até às encostas"[438]. Aqui, novamente, YHWH vem de Seir, que o coloca em paralelo com o Monte Farã, cuja localização não pode ser estabelecida com segurança[439].

E, finalmente, Hab 3,3: "Deus (Eloá) vem de Temã, e o Santo do Monte Farã. A sua majestade cobre os céus, e a terra está cheia de seu louvor". Nesse verso, o nome YHWH é substituído por Eloá, mas os versículos 2 e 8 sugerem uma identificação de Eloá com YHWH. Curiosamente, esse salmo situa a origem de YHWH em Temã, um nome que aparece em Gn 36 como o nome de um clã de Edom. A ligação entre Temã e Edom também fica evidente em outros textos bíblicos (Jr 47,7.20; Ez 25,13; Am 1,11-12; Ab 8,9). Uma localização edomita de Temã também conviria aos textos citados acima, os quais mencionam Seir.

Também é possível que Temã seja um termo genérico para designar o Sul, mas, evidentemente, o Sul inclui também o território edomita. No que diz respeito a Temã, as inscrições de Kuntillet Ajrud são de grande importância. Mesmo depois da recente publicação da *editio princeps*[440], várias questões ainda são debatidas, sobretudo a respeito da função desse local. Seria ele uma espécie de estalagem ou até mesmo um santuário no qual Asherah desempe-

---

438. A segunda parte do versículo apresenta vários problemas de crítica textual, cf., p. ex., PFEIFFER, H. *Heiligtum von Bethel*, p. 182-183.

439. O Monte Farã que na Bíblia Hebraica é atestado apenas aqui e em Hab 3 (ao contrário do deserto de Farã) poderia ser uma especulação acadêmica; sua identificação com Cades, *'en el-qedarat*, permite datar o texto entre os séculos X e VI a.C.

440. MESHEL, Z. *Kuntillet 'Ajrud (Ḥorvat Teman): An Iron Age II Religious Site on the Judah-Sinai Border.* Jerusalém: Israel Exploration Society, 2012.

nhava um papel principal, como recentemente sugeriram Nurit Lissovsky e Nadav Na'aman?[441] Segundo I. Finkelstein e E. Piasetzky, "Kuntillet Ajrud funcionou entre *ca.* 795 e 730/720 AEC"[442]. Duas inscrições mencionam um "YHWH de Temã"[443] associado a Asherah. Isso indica que no século VIII YHWH ainda era venerado como uma divindade do Sul. Por outro lado, uma outra inscrição invoca um "YHWH da Samaria" com sua Asherah[444]. Se o sítio era efetivamente usado por viajantes ou por adoradores originários de Israel/Samaria, é interessante observar que eles também reconhecem a existência de um "YHWH do Sul".

Poderíamos, portanto, nos aventurar a relacionar a existência de uma divindade "YHWH de Temã", no século VIII, aos famosos nômades Shasú que aparecem em algumas inscrições egípcias, especialmente naquelas datadas dos reinos de Amenófis III e de Ramsés II, como *tꜣ šꜣšw yhwꜣ*. A expressão *yhwꜣ* parece ser um topônimo que também poderia designar uma divindade (cf. a identificação de YHWH e do Sinai em Jz 5). Na lista de Amara, os diferentes grupos Shasú são designados pelo termo *tꜣ šꜣšw śꜥrr* (a terra Shasú de Seir) que, segundo Manfred Weippert, poderia ser uma espécie de título que indicava a localização de diferentes tribos Shasú[445]. Uma localização edomita desses grupos Shasú se tornou plausível a partir dos achados em Jabal Hamrat Fidan de Thomas Levy e sua equipe, que afirma que no caso do Wadi Fidan

---

441. NA'AMAN, N.; LISSOVSKY, N. Kuntillet 'Ajrud, Sacred Trees and the Asherah. *Tel Aviv*, n. 35, p. 186-203, 2008.

442. FINKELSTEIN, I.; PIASETZKY, E. The Date of Kuntillet 'Ajrud: The 14C Perspective. *Tel Aviv*, n. 35, p. 135-185, 2008.

443. MESHEL, Z. *Kuntillet 'Ajrud*, p. 95 (inscrição 3,6) e p. 98 (inscrição 3.9 com o artigo).

444. Ibid., p. 87 (3.1).

445. WEIPPERT, M. Semitische Nomaden des zweiten Jahrtausends. Über die Š3św der ägyptischen Quellen. *Biblica*, n. 55, p. 265-280, 427-433 (270-271), 1974.

"as evidências arqueológicas confirmam o testemunho bíblico e histórico"[446].

Seria, portanto, plausível que a veneração a YHWH como Deus que derrotou os egípcios tenha sido transmitida a Israel por um grupo Shasú. Como observou Na'aman "a descrição bíblica do Egito como "casa da escravidão" reflete bastante bem a realidade egípcia do Novo Império"[447]. Por isto, é possível imaginar que YHWH possa ter sido trazido a Israel por um grupo que venerava um YHWH "edomita" ou "do Sul". Talvez existisse também uma tradição narrativa sobre um personagem como Moisés, pois sua ligação com os madianitas dificilmente possa ter sido inventada, assim como a passagem de Ex 18 na qual seu sogro, sacerdote de Madiã, oferece um sacrifício a YHWH[448]. Evidentemente, qualquer reconstrução dessa tradição narrativa é impossível. O texto bíblico da revelação divina do nome de YHWH preserva, no entanto, para usar uma expressão de Jan Assmann, alguns "traços de memória" sobre a origem não autóctone de YHWH.

**Breve síntese**

O relato bíblico sobre o êxodo foi escrito pela primeira vez em Judá. Moisés é apresentado, nesse relato, como o protótipo de Josias, e a situação de opressão no Egito parece refletir a situação de dominação da Assíria. A tradição do êxodo era, evidentemente, mais antiga e alcançou Judá, a partir de Israel, depois de 722. Os contornos literários dessa tradição não podem ser reconstruídos. No

---

446. LEVY, T.E.; ADAMS, R.B.; MUNIZ, A. Archaeolgy and the Shasu Nomads: Recent Excavations in the Jabal Hamrat Fidan, Jordan. In: FRIEDMAN, R.E.; PROPP, W.H.C. (orgs.). *Le-David maskil*: A Birthday Tribute for David Noel Freedman. Winona Lake: Eisenbrauns, 2004, p. 63-89 (89).

447. NA'AMAN, N. The Exodus Story. Op. cit., p. 49.

448. BLENKINSOPP, J. The Midianite-Kenite Hypothesis Revisited and the Origins of Judah. *Journal for the Study of the Old Testament*, n. 33 p. 131-153, 2008.

entanto, Os 12 mostra como YHWH, o Deus do êxodo, é apresentado em oposição com a tradição sobre Jacó. Isso poderia refletir a tentativa de fazer do êxodo o mito fundacional "oficial" de Israel. Os dois relatos sobre a revelação de YHWH a Moisés, colocados por escrito somente no século VI, preservam, no entanto, a memória de um YHWH que não era uma divindade autóctone, mas importada "do Sul". Essa teoria é reforçada pelas inscrições de Kuntillet Ajrud, bem como pelas descobertas sobre os grupos Shasú, alguns dos quais veneravam uma divindade chamada *Yahu*. Mesmo que isso nos faça remontar aos últimos séculos do segundo milênio a.C., os textos bíblicos preservaram uma memória de longa duração sobre as origens de YHWH ligadas ao êxodo.

# Textos originais

1) History of Ancient Israel: Archaeology and the Biblical record: the view from 2015. *Rivista Biblica*, n. 63, p. 371-392, 2015.

2) How to Date Pentateuchal Texts: Some Case Studies. In: GERTZ, J.C.; LEVINSON, B.M.; ROM-SHILONI, D.; SCHMID, K. (orgs.). *The Formation of the Pentateuch* – Bridging the Academic Cultures of Europe, Israel, and North America. Tübingen: Mohr Siebeck, 2016, p. 357-370 [Forschungen zum Alten Testament, 111].

3) Comments on the Historical Background of the Abraham Narrative – Between "Realia" and "Exegetica". *Hebrew Bible and Ancient Israel*, n. 3, p. 3-23, 2014.

4) Comments on the Historical Background of the Jacob Narrative in Genesis. *Zeitschrift für die altestamentliche Wissenschaft*, n. 126/3, p. 317-338, 2014.

5) The Wilderness Narrative and Itineraries and the Evolution of the Exodus Tradition. In: LEVY, T.E.; SCHNEIDER, T.; PROPP, W.H.C. (orgs.). *Israel's Exodus in Transdisciplinary Perspective*: Text, Archaeology, Culture, and Geoscience. Springer, 2015, p. 39-53.

6) The Revelation of the Divine Name to Moses and the Construction of a Memory About the Origins of the Encounter Between Yhwh and Israel. In: LEVY, T.E.; SCHNEIDER, T.; PROPP, W.H.C. (orgs.). *Israel's Exodus in Transdisciplinary Perspective*: Text, Archaeology, Culture, and Geoscience. Springer, 2015, p. 305-315.

Conecte-se conosco:

 facebook.com/editoravozes

 @editoravozes

 @editora_vozes

 youtube.com/editoravozes

 +55 24 2233-9033

## www.vozes.com.br

Conheça nossas lojas:

www.livrariavozes.com.br

Belo Horizonte – Brasília – Campinas – Cuiabá – Curitiba
Fortaleza – Juiz de Fora – Petrópolis – Recife – São Paulo

  Vozes de Bolso

**EDITORA VOZES LTDA.**
Rua Frei Luís, 100 – Centro – Cep 25689-900 – Petrópolis, RJ
Tel.: (24) 2233-9000 – E-mail: vendas@vozes.com.br